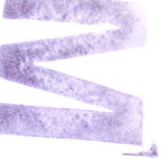

Körpersprache

Inhalt

Einleitung
Seite 6

1
Seite 8

Ohne Worte
Grundlagen der
Körpersprache

Mit anderen
Körpersprache und
Gesellschaft

2
Seite 20

3
Seite 56

Zu zweit
Die Körpersprache
in der Intimbeziehung

Kollegialität
Die Körpersprache
im Berufsleben

4
Seite 90

5
Seite 128

Die Zeichen lesen
Ein Bildwörterbuch
der Körpersprache

Register
Seite 144

Die Körpersprache stellt für den Menschen seit jeher etwas Faszinierendes dar. Schon immer wollten wir die Botschaft verstehen, die hinter den Worten liegt, und die wirkliche Bedeutung von Blicken und Gesten entschlüsseln. Heute wissen wir, daß wir die Körpersprache nicht nur einsetzen können, um das Handeln unserer Mitmenschen zu deuten, sondern auch dafür, um ganz persönliche Erfolge im Alltag zu erlangen.

Einleitung

Wie man die Körpersprache einsetzt

Wir Menschen waren uns immer schon bewußt, daß die nicht-sprachliche, genauer: die nonverbale Kommunikation, ebenso wichtig ist wie ihr wortreiches Gegenstück. Wer erinnert sich nicht an die Aufforderung der Eltern, gerade zu sitzen? Eine solche Haltung sollte uns ein intelligenteres, attraktiveres oder eindrucksvolleres Aussehen bescheren. Außerdem haben Untersuchungen ergeben, daß wir unsere Erfolgsaussichten steigern können, wenn wir unser Auftreten – gegenüber Freunden, im Beruf und in der Liebe – verändern.

Dieses Buch erläutert anhand zahlreicher Fotos, wie Sie Ihre Körpersprache verbessern können. Es will Sie ermuntern, die Körpersprache Ihrer Mitmenschen zu deuten, damit Sie im voraus wissen, wie Sie auf sie reagieren sollen und Ihre eigene Körpersprache mit größtmöglicher Wirkung einsetzen.

Ohne Worte
Das erste Kapitel erläutert die Elemente der Körpersprache und ihre Verwendung. Es enthält das für ein

weiteres Verständnis benötigte Grundvokabular und vermittelt wichtige Anhaltspunkte für den praktischen Einsatz der Körpersprache.

Mit anderen

Durch das Lesen körpersprachlicher Signale lassen sich die Gedanken und Gefühle, oft sogar die Persönlichkeit anderer mit äußerster Präzision analysieren. Wie verwendet man Körpersprache zum Knüpfen eines ersten Kontakts? Wie baut man ein freundschaftliches Verhältnis auf, und wie erkennt man, daß es nachläßt? Wie erzielt man einen positiven Eindruck – auf Parties, in kleinen und größeren Gruppen?

Dieses Kapitel behandelt außerdem die privaten wie beruflichen zwischenmenschlichen Beziehungen. Wie verschafft man sich Freiräume? Wie äußert man das Bedürfnis nach Alleinsein mit Hilfe der Körpersprache? Und wie setzt man sie ein, um in der Öffentlichkeit zu bestehen – in Geschäften und Restaurants, gegenüber Amtsträgern und in Menschenmengen?

Zu zweit

Das dritte Kapitel handelt von der Körpersprache der Intimbeziehungen. Was verbindet zwei Menschen? Wie läßt sich Attraktivität schaffen? Wie kann man eine Partnerschaft fördern – sowohl sexuell (durch Einsatz einer leidenschaftlichen Körpersprache) wie auch emotional?

Danach wird untersucht, wie man Beziehungsprobleme mit Hilfe der Körpersprache lösen kann. Was passiert, wenn Sie sich streiten? Läßt sich erkennen, ob Ihr Partner eine Affäre hat? Wie setzt man Körpersprache ein, um eine aufrichtigere Beziehung zu entwickeln? Was sind Signale einer engagierten, dauerhaften Beziehung?

Kollegialität

Das vierte Kapitel behandelt die nicht-sprachliche Kommunikation am Arbeitsplatz. Zunächst erfahren Sie, wie Sie Ihr Umfeld einschätzen können, was es über Ihre Firma aussagt und wie Sie Ihr Erscheinungsbild und Auftreten erfolgreich darauf abstim-

men können. Behandelt wird der Umgang mit Kollegen, das Knüpfen von Freundschaften, die Wahrung des eigenen Status und das Überstehen von Affären am Arbeitsplatz.

Einen zweiten Schwerpunkt dieses Kapitels bildet das Management: Wie geht man mit seinem Chef um, und wie wird man damit fertig, wenn man selber zum Vorgesetzten wird? Wie verhält man sich in einem Vorstellungsgespräch, und wie setzt man die Körpersprache ein, um Mitarbeiter zu führen? Wie verhält man sich in Besprechungen, wie gegenüber Kunden?

Die Zeichen lesen

Das Schlußkapitel dieses Buchs enthält ein Bildwörterbuch der Körpersprache. Die in den Fotos dargestellten Signale, Bewegungen und Ausdrucksformen werden im Textteil gedeutet. Eine Geste zum Beispiel kann verschiedenartige Bedeutungen haben und erst dann entschlüsselt werden, wenn sie in einem bestimmten Umfeld gelesen wird.

Zum Aufbau des Buches

Das Buch ist so aufgebaut, daß die vollständige Lektüre einen Überblick über alle Möglichkeiten der Körpersprache verschafft. Es können jedoch auch einzelne Kapitel gelesen werden, etwa wenn Sie sich für spezielle Situationen wie Gespräche mit Vorgesetzten, Parties oder Verabredungen interessieren. In diesem Fall sollten Sie jedoch zunächst das erste Kapitel lesen, da es Ihnen Grundregeln für den Einsatz der Körpersprache an die Hand gibt.

Schenken Sie den Fotos die gleiche Aufmerksamkeit wie dem Text. Die Bildlegenden enthalten wichtige Hinweise auf die positive oder negative Wirkung bestimmter Aspekte der Körpersprache. Betrachten Sie die Bilder unabhängig vom Text, und versuchen Sie, die in ihnen enthaltenen Signale zu deuten.

Betrachten Sie das Buch als eine Arbeitsgrundlage. Probieren Sie die gegebenen Anregungen ruhig aus, doch lassen Sie Ihre eigenen Erfahrungen einfließen. Finden Sie auf diese Weise heraus, was Sie brauchen können und was nicht.

Körpersprache ist das Richtige für jemanden, der Erfolg im Leben anstrebt. Die Untersuchung der Körpersprache, oder präziser: der Kunst der nonverbalen Kommunikation, ist ein überaus nützlicher Bereich innerhalb der Persönlichkeitspsychologie, denn sie erweitert das Verständnis für die Mitmenschen und für das persönliche Leistungsvermögen sehr.

Ohne Worte

Grundlagen der Körpersprache

Wir Menschen bedienen uns einer Vielzahl von Ausdrucksmöglichkeiten. Und doch haben wir trotz einer Jahrtausende alten Entwicklung nur die sprachlichen Kanäle, hierzu gehören Gesprochenes und Geschriebenes, für wichtig erachtet. Erst vor etwa 40 Jahren begann man festzustellen, daß die nonverbale Kommunikation ebenso wichtig ist wie das gesprochene oder geschriebene Wort, da sie uns fast ebenso viele Informationen über die Gedanken und Gefühle unserer Mitmenschen vermittelt. Schätzungen gehen davon aus, daß bis zu 93 Prozent der Informationen, die wir in einer bestimmten Situation empfangen, nonverbal übermittelt werden. Menschliches Verhalten kann dadurch bis zu 13mal informationsreicher sein als Ihre Worte.

Gedankenlesen

Körpersprache verhilft nicht allein zu mehr Wissen über andere und sich selbst, sondern auch zu an-

Ohne *Worte*

Wie schwer seine Worte auch zu interpretieren sein mögen: Seine Körpersprache kann ihr Anhaltspunkte für eine erste Deutung des Anrufs vermitteln. Sein Gesichtsausdruck, der geneigte Kopf und seine Haltung lassen auf den Erhalt einer unerwarteten, wenngleich nicht tragischen Nachricht schließen.

dersartigen Informationen. Während Sie aus den Worten Ihres Gegenübers erfahren, was dieser Ihnen bewußt mitteilen will, zeigt Ihnen seine Körpersprache ein Verhaltensspektrum, das Ihrem Gegenüber weitgehend unbewußt ist.

Ohne *Worte*

Die wirkliche Persönlichkeit eines Menschen, die von ihm gespielte Rolle, seine Gefühlslage, sein Denken, seine Beziehungen zu Dritten – all dies bringt die Körpersprache zum Ausdruck. Worte können eine Vielzahl von Geheimnissen in sich bergen, Körpersprache hingegen ist weitaus schwieriger zu verfälschen.

Natürlich können Sie Körpersprache gezielt einsetzen, um Informationen über sich selbst an andere zu übermitteln. Untersuchungen haben gezeigt, daß nicht-sprachliche Botschaften oftmals einflußreicher sind als Worte – nicht nur, weil sie das Bewußtsein des Zuhörers umgehen und sein Unterbewußtsein ansprechen, sondern auch, weil der Mensch nicht-sprachlichen Botschaften mit einigem Recht mehr vertraut als dem Wort. Richtig und unverfälscht eingesetzt, kann Körpersprache Dinge ausdrücken, die Sie oft nicht laut aussprechen könnten: »Ich bin kompetent ... Ich brauche Ihre Hilfe ... Ich mag Dich ... Ich liebe Dich«.

Körpersprache hat jedoch nicht nur mit Kommunikation zu tun, denn wie die Psychologie in den letzten Jahren herausfand, lassen sich mit einer veränderten Körpersprache viele Aspekte der eigenen Lebenseinstellung ebenfalls verändern. So können Sie Ihre Stimmung aufhellen, bevor Sie zu einer Party gehen, gefühlsmäßig besser auf Ihren Partner eingehen oder mehr Selbstsicherheit im Beruf erlangen. Wenn Sie Ihre Körpersprache grundlegend ändern und Sie mit Ihren Mitmenschen anders umgehen, werden diese auch anders auf Sie reagieren. Diese Reaktionen sind ein Spiegelbild Ihrer Wirkung auf andere.

Ein Wort der Warnung

Die Körpersprache bietet ein derart wirkungsvolles Handwerkszeug, daß ihr gezielter Einsatz gerade zu Beginn einige Sorgfalt erfordert.

Zunächst muß mit der Alltagsweisheit aufgeräumt werden, dank der Körpersprache könne man in einem Menschen lesen wie in einem aufgeschlagenen Buch. Diese Theorie kam in den 60er Jahren in Mode und war der Versuch, die nicht-sprachliche Kommunikation zu »alphabetisieren«, indem man

Körpersprache bewirkt einen Bedeutungswandel. Wenn sie von humorvollen Worten begleitet wird, machen wir uns weiter keine Gedanken. Wenn sich die Worte jedoch spöttisch auf eine anwesende Person beziehen, nimmt die Körpersprache der Beleidigung etwas an Schärfe. Sollten sich die Worte jedoch auf etwas Trauriges oder Tragisches beziehen, erhalten sie durch die Körpersprache eine vollkommen andere Wirkung.

einer bestimmten Geste eine bestimmte Bedeutung zuordnete. Wenn sich jemand an der Nase kratzte, wurde er sogleich zum Lügner. Ob der Grund hierfür in einem vorhandenen Juckreiz oder in einer bestimmten Nervosität lag, spielte keine Rolle: diese Person blieb ein Lügner! Wie wir heute wissen, liegen die Dinge nicht so einfach. Die Bedeutung eines körpersprachlichen Signals läßt sich nur anhand der persönlichen Lebensumstände begreifen.

Erfolgreicher Einsatz der Körpersprache bedeutet nicht, daß man die Worte ignoriert. Trotz unserer affenähnlichen Vorfahren – und eines vergleichbaren Vorrats an Elementen der Körpersprache – unterscheiden wir uns von ihnen durch Sprache.

Daher handelt dieses Buch in erster Linie vom gleichzeitigen Einsatz von Körpersprache und gesprochener Sprache, um die Wirkung der Worte zu verstärken, zu unterscheiden, kontrollieren oder gar zu unterlaufen.

Rechnen Sie nicht damit, andere mit Hilfe der Körpersprache nach Gutdünken beeinflussen zu können. Wenn Sie auf nonverbalem Weg versuchen, jemanden für Sie zu gewinnen, wird diese Person natürlich auf Ihr Tun reagieren, jedoch noch weit stärker auf jene Handlungselemente, die Ihre Manipulationen verraten. Sie wird – oft unbewußt – Ihr aufgesetztes Lächeln, den unruhigen Blick und Ihr nervöses Gestotter registrieren und entsprechend handeln.

Übung macht den Meister

Wie bringt man Körpersprache optimal zum Einsatz? Der erste Schritt besteht darin, Ihre Beobachtungsgabe zu verbessern, indem Sie sich beim Umgang mit anderen möglichst umfassende Kenntnisse aneignen. Der naheliegendste und wohl auch vielversprechendste Weg ist das Hinsehen. Beim Zuhören ist weniger auf die oberflächliche Bedeutung, sondern auf den Ausdruck der Stimme zu achten. Auch die drei übrigen Sinne – Fühlen, Riechen und Schmecken – können überraschend viel offenbaren: Wenn ihr Kollege Ihnen bei der Begrüßung eine feuchtwarme Hand entgegenstreckt, erfahren Sie Entscheidendes über den Grad seiner momentanen Selbstsicherheit. Der Körpergeruch Ihrer Freundin wird sich tatsächlich verändern, wenn sie beim Betrachten eines Horrorfilms plötzlich erschrickt. Der Geschmackssinn wiederum kann sich bei zunehmender sexueller Erregung verändern.

Mit zunehmender Übung werden Ihnen nicht nur die groben Anhaltspunkte etwa in Form der Mimik und Gestik auffallen, sondern auch die weitaus versteckteren und noch faszinierenderen Anhaltspunkte. Dort, wo Sie zunächst nur die vor Wut zusammengeballte Faust Ihres Gegenübers wahrnehmen, werden Sie später auch die bereits zu Beginn der Gefühlsaufwallung eintretende Veränderung der Hautfärbung registrieren. Mit zunehmender Übung werden Sie sogar die Reaktionen Ihres Gegenübers vorhersehen, so daß Sie ihnen immer einen Schritt voraus sind.

Achten Sie zugleich auf Ihre eigene Körpersprache. Kontrollieren Sie Ihre äußeren Signale, indem Sie überwachen, wie sich im Zuge Ihrer Reaktion auf das Geschehen Ihre Körperhaltung, Bewegungen, Stimme und Atmung verändern und anpassen. Kontrollieren Sie auch die inneren, nur Ihnen bewußten Signale: die Schmetterlinge im Bauch als Zeichen der Erregung; den Spannungskopfschmerz als Streßwarner oder die Vorstellung vom Klang der Stimme Ihrer Partnerin. All dies sind Signale, die Ihr Körper an Sie richtet.

Suche nach Anhaltspunkten

Das nachfolgende Vokabular der Körpersprache enthält Elemente, nach denen Sie ganz besonders Ausschau halten müssen.

ERSCHEINUNGSBILD Achten Sie auf die Körpergröße und Gestalt sowie die Farbe der Haut, Haare und Augen. Nimmt man schönheitschirurgische Verwandlung und Verkleidung aus, so kann all dies Aufschluß über das Geschlecht und Alter sowie den kulturellen Hintergrund der Person geben.

STIL UND IMAGE Achten Sie auf Kleidung, Frisur, Make-up und Accessoires. Diese Elemente beinhalten in der Regel Informationen über das Alter, die Identifikation mit einer bestimmten Moderichtung, den gesellschaftlichen Status, die Art des Berufs und die Freizeitinteressen der Person.

Das Vokabular der Körpersprache hilft bei der Deutung. Das Pärchen *(Erscheinungsbild)* befindet sich in heimischer Umgebung *(Umfeld)* und steht nahe genug für eine *Berührung* beieinander. Demnach dürfte es sich um Beziehungspartner handeln. Während ihre *Gestik* nach Aufmerksamkeit strebt, läßt seine *Gestik* auf ein kaum vorhandenes Interesse schließen. Die *Mimik* läßt vermuten, daß er scherzt, während sie sich irritiert zeigt. *Tonfall, Geruch, Geschmack* und *Körperfunktionen* würden uns weiteres verraten.

Ohne *Worte*

HALTUNG Achten Sie bei der Körperhaltung einer Person auf den Winkel zwischen Kopf und Rumpf und die Richtung, in welche die Gliedmaßen weisen. Diese Elemente vermitteln nicht nur Anhaltspunkte über feste Größen wie Alter und Erziehung, sondern können auch die momentanen Gedanken und Gefühle offenbaren, insbesondere Interesse, Respekt und Zustimmung.

GESTIK Von besonderer Bedeutung ist die wortbegleitende Gestik, da sie einzelne Worte betont und mit emotionalen Akzenten versieht. Da jeder Mensch über einen persönlichen Vorrat an Gesten verfügt, den er regelmäßig verwendet, sollten Sie speziell auf die Bewegungen von Rumpf und Gliedmaßen, Gesten der Hände und Füße sowie Kopfnicken und -schütteln achten.

MIMIK Gesichtsfalten geben Aufschluß über die Persönlichkeit. Achten Sie auf »Anstrengungsfalten« zwischen den Augenbrauen. Ein zusammengezogener Mund läßt auf Zurückhaltung schließen. Ebenfalls von Bedeutung sind flüchtige Mimikelemente (wie Stirnrunzeln), die Ihnen zeigen, was eine Person denkt und fühlt.

AUGENBEWEGUNG Achten Sie auf die Richtung und Dauer des Blicks, die Größe der Augen und Pupillen sowie die Aktivität der Augenbrauen. Verliebte haben einen entrückten, Konkurrenten zeigen einen starren Blick, während Lügner oft jeglichen Blickkontakt meiden.

STIMME Nicht die Worte an sich, doch der Klang der Stimme zählt zur Körpersprache. Allein die Stimme vermittelt eine Unmenge an Hintergrund-

informationen über Kultur, Alter, Geschlecht und Heimat. Schwankungen der Lautstärke, Tonhöhe und des Sprechrhythmus zeugen darüber hinaus von der Gefühlslage und davon, ob das Gesagte von Bedeutung ist.

GERUCH UND GESCHMACK In puncto Geruch und Geschmack verfügt jeder Mensch über seine eigene »Signatur«. Sie birgt Hinweise auf den allgemeinen Gesundheitszustand, Eßgewohnheiten sowie Gefühlszustände wie Wut, Angst oder sexuelle Erregung. Geruch und Geschmack spielen außerdem bei der Paarbindung eine wichtige Rolle.

UMFELD Körpersprache bezieht sich nicht allein auf körperliches Handeln, sondern auch auf die Gestaltung des persönlichen Umfelds. Die Aufteilung einer Wohnung, der Zimmergröße, der Einrichtungsstil, die bevorzugte Beleuchtung und Temperierung – all dies birgt Aufschluß über die Persönlichkeit und das Verhalten gegenüber den Mitmenschen.

BERÜHRUNG Berührung (oder ihr Fehlen) zeigt, wie nahe sich zwei Menschen stehen und deutet oft darauf hin, daß sie ein intensives Gefühl miteinander teilen. In Gesprächen dient Berührung der Betonung der Aussage.

KÖRPERFUNKTIONEN Körperfunktionen wie Atmung, Puls, Blutdruck, Hautfärbung und -temperatur sowie die Abgabe von Körperflüssigkeiten zeugen von der jeweiligen Gefühlslage und sind unmittelbare Signale der körperlichen Empfindung wie der emotionalen Reaktion.

INNERE KÖRPERSIGNALE Ihre Körperbotschaften zählen ebenfalls zur Körpersprache. Achten Sie auf Bilder oder Stimmklänge, die Sie beim Denken an bestimmte Personen oder Dinge begleiten.

Machen Sie sich Ursprung und Qualität jeder inneren Empfindung bewußt – bewegt oder ruhig, stark oder schwach, warm oder kalt, entspannt oder krampfhaft.

Eine veränderte Körpersprache bewirkt einen Bedeutungswandel. *Erscheinungsbild, Umfeld* und *Image* blieben unverändert. Ihre *Haltung* ist lockerer, seine dagegen angespannter. Ihre *Gestik* wirkt flüssiger, während sein gestreckter Finger Irritation signalisiert. Ihre *Mimik* deutet auf Humor, die seine eher auf Besorgnis. Es scheint, als präsentiert sie ihm etwas, das ihm unangenehm ist.

Ohne *Worte*

Die Botschaft entschlüsseln

Sobald Sie aufmerksames Beobachten gelernt haben, können Sie damit beginnen, die entsprechenden Bedeutungen herauszufinden. Das ist nicht so leicht wie es scheint, da ein bestimmtes Element der Körpersprache je nach Situation unterschiedliche Bedeutungen annehmen kann.

Berücksichtigen Sie zunächst den Hintergrund der Person, deren Handeln Sie deuten, denn die Körpersprache wurzelt in der jeweiligen Kultur und Erziehung. Die überwiegende Mehrheit unserer nonverbalen Fähigkeiten erlernen wir als Kinder von den Erwachsenen in unserer Nähe. Da ein Großteil der körpersprachlichen Elemente jedoch

Ein einzelnes nonverbales Signal kann je nach Umfeld unterschiedliche Bedeutungen annehmen.
Die Gebärde *Hände in den Taschen* hat hier im Umfeld von Frontalstellung, direktem Blickkontakt und gleichgewichtetem Stand die Wirkung, die Schultern zu verbreitern, wodurch die Person stärker und zuversichtlicher erscheint.

Hier jedoch weisen instabile Stellung, abgewinkelter Körper und indirekter Blick auf mangelndes Selbstvertrauen hin. Die Gebärde *Hände in den Taschen* bedeutet nun Rückzug. Sie verbirgt ihre geballten Fäuste oder sucht mit dieser Art des Körperkontakts neue Zuversicht.

gleichsam Allgemeingut ist, werden die in diesem Buch gegebenen Beschreibungen meist mit der Körpersprache, mit der Sie konfrontiert werden, übereinstimmen. (Diese Beschreibungen fußen allerdings weitgehend auf westlichen Forschungsarbeiten und gelten nicht notwendig für Menschen aus anderen Kulturkreisen.)

Der seitlich abgewinkelte Körper wirkt durch den direkten Blick und den ruhigen Ausdruck stabil und selbstsicher. Die Körpersprache läßt eher auf einen äußerlichen Grund zur Unsicherheit schließen. *Hände in den Taschen* **ist ein Mittel, die von den Händen ausgehenden körpersprachlichen Signale zu verbergen, um dem Beobachter die wirklichen Gedanken nicht preisgeben zu müssen.**

Die Körpersprache enthält aber auch ganz persönliche Elemente. Das Zucken der Augenlider mag bei Ihrem Freund ein Zeichen des Zorns sein, bei Ihrer Kollegin jedoch zeugt es von Nervosität. Sollten Sie die Körpersprache der Kollegin als gleichbedeutend mit der des Freundes ansehen, werden Sie sich lange wundern, warum sie böse auf Sie ist – und unnötigerweise versuchen, sie zu beruhigen. Beobachten Sie die entsprechenden Verhaltensmuster über einen längeren Zeitraum. Überprüfen Sie das Verhalten in unterschiedlichen Situationen, und lernen Sie, dies präzise zu deuten.

Wenn Sie ein einzelnes körpersprachliches Element beobachten, so ermitteln sie genau, was sonst noch in dieser Situation geschieht. Was läßt sich vom gesamten Körper der Person ablesen, um über das Geschehen im Bilde zu sein? Welche Auskunft geben die übrigen Körpersignale? Bestätigen oder widersprechen sie Ihrer Interpretation? Wie reagieren Dritte auf das Geschehen?

Es empfiehlt sich außerdem, nach Abläufen von körpersprachlichen Signalen zu suchen, die stets gemeinsam auftreten. Jemand wird beispielsweise durch ein unerwartetes Geräusch überrascht und reagiert mit einem erleichterten Lachen und einem entspannten Seufzer. Wenn Sie nicht nur einzelne Anhaltspunkte (die »Wörter« der Körpersprache), sondern auch »Sätze« lesen können, gelangen Sie zu einem besseren Verständnis des Geschehens.

Wenn ein derartiger Ablauf im Rahmen des zwischenmenschlichen Umgangs gleichsam festgeschrieben ist – wie etwa das Ritual des Abschiednehmens –, so hat sie oft nicht die gleiche Bedeutung wie eine spontane Sequenz.

Mit zunehmender Praxis werden Sie in der Lage sein, in der Körpersprache einer Person breit angelegte Muster auszumachen, in denen mehrere Elemente zusammenkommen und aus denen sie mehr erfahren als nur die momentane Grundbefindlichkeit. Signalkomplexe, bestehend aus der Art, wie jemand dasteht, schaut und redet, können Ihnen zeigen, mit welchem Persönlichkeitstyp Sie es zu tun haben oder wie sich diese Person zu einem bestimmten Lebensaspekt verhält.

Handeln

Nachdem Sie Ihre eigene Körpersprache oder die eines Dritten beobachtet und gedeutet haben, können Sie mit Hilfe der Körpersprache zu erfolgreicherem Handeln und engeren Beziehungen zu anderen gelangen, Freunde oder Partner unterstützen oder die eigene Selbstsicherheit fördern.

Sie können auf drei verschiedene Arten tätig werden. Die erste und oft auch beste Alternative besteht darin, sich von Ihren Instinkten leiten zu lassen. Wenn eine enge Freundin zu weinen beginnt und Sie mit ihr leiden, werden Ihre Augen vielleicht einen feuchten Glanz annehmen, der Ihr Mitgefühl signalisiert. Dies erfordert keinen bewußten Entschluß; vielmehr wird Ihr Körper Ihre Gefühle auf natürliche und wirksame Weise widerspiegeln. In vielen Situationen ist es daher wichtig, seinem Instinkt zu vertrauen. Dieses Buch möchte Ihnen den Umgang mit Ihren Instinkten näherbringen.

Die zweite Alternative ist das Reden. Es ist manchmal das geeignetste Mittel, um ein Problem zu ergründen, Erfahrungen auszutauschen oder Trost zu bieten. Doch denken Sie daran, daß Sie beim Sprechen auch – gewollt oder ungewollt –

nonverbal kommunizieren. Dieses Buch möchte Ihnen nicht nur zeigen, wann Worte angebracht sind, sondern Sie auch mit einer wirkungsvollen Körpersprache vertraut machen, mit der Sie Ihren Worten Nachdruck verleihen können.

Die dritte Alternative kommt zum Zuge, wenn Sie sich für den gezielten Einsatz eines körpersprachlichen Elements entscheiden oder bewußt von Ihrem natürlichen Verhalten abweichen.

Links: Die Vertreterin bedient sich einiger Grundlagen körpersprachlicher Kontaktaufnahme, überzieht sie aber. Ihr Lächeln wirkt zu intensiv auf Leute, die sie eben erst kennengelernt hat. Der vorgeneigte Oberkörper und die ausgestreckte Hand gilt als eine Art Übergriff. Folge: Die Gesprächspartner lehnen sich zurück. Ihre Arme und Beine signalisieren Abwehrhaltung, ihr Gesichtsausdruck kündet von fehlender Aufmerksamkeit.

Ohne *Worte*

Vielleicht hegen Sie Mitgefühl gegenüber einem Freund, wissen aber nicht, wie Sie dies körpersprachlich am besten zum Ausdruck bringen. Oder die gewohnte Form der Sympathiebekundung zeigt keine Wirkung, und Sie suchen nach weiteren Möglichkeiten. In diesen Fällen finden Sie im vorliegenden Buch Gedanken darüber, was den Erfolg der nicht-sprachlichen Kommunikation ausmacht sowie Vorschläge zur erfolgreichen Umsetzung.

Sammeln Sie alle körpersprachlichen Informationen, beginnen Sie, diese zu interpretieren und üben Sie so lange, bis Sie Körpersprache problemlos und mit dem angestrebten Erfolg einsetzen können. Möglicherweise werden Sie trotzdem feststellen, daß Körpersprache nicht für alle Ihre Probleme eine Lösung bereithält. Sie wird Sie jedoch dabei unterstützen, Ihr Denken, Fühlen, Tun und – Ihr Selbst bestmöglich zum Einsatz zu bringen.

Eine abgemilderte Version bisheriger Signale, die den Bereich der Kunden respektiert und den geschäftlichen Charakter der Beziehung betont. Sie läßt eine entspanntere Atmosphäre entstehen.

2

Körper-

sprache und

Gesellschaft

Sobald Sie mit einer anderen Person Umgang pflegen, kommt Ihrer beider Körpersprache zum Tragen. Die Wahl Ihrer Kleidung, die Art Ihrer Bewegungen, der Ausdruck Ihres Gesichts wie auch der Ton Ihrer Stimme vermitteln Ihrem Gegenüber wichtige Informationen über Sie. Wem dies zu sehr nach Selbstpreisgabe klingt, der sei beruhigt, denn der andere teilt sich Ihnen auf die gleiche Weise mit.

Mit anderen

In diesem Kapitel wird untersucht, was man unter »sozialer« Körpersprache versteht. Wie können Sie zu einer präzisen Deutung dessen gelangen, was andere Ihnen nicht-sprachlich mitteilen, und wie können Sie Ihre eigenen Botschaften möglichst erfolgreich vermitteln? Das Kapitel geleitet Sie vom ersten Kennenlernen zum Führen eines Gesprächs und vom punktuellen Verstehen einer Person bis zur längerfristigen Analyse ihrer Persönlichkeit. Es wird untersucht, wie man Freundschaften knüpft, wie man sich Freiräume sichert und die anderer respektiert. Schließlich wird vermittelt, wie man sich in einer Gruppe behauptet.

Freut mich!
Wenn Ihnen jemand zum ersten Mal begegnet, haben Sie nur zehn Sekunden Zeit, um einen Ein-

Zwei Paare begrüßen sich. Der männliche Handschlag zeugt von förmlichem Respekt. Frontalstellung, Blickkontakt und Lächeln sind ein Zeichen der Freundschaft. In der westlichen Welt lassen miteinander befreundete Männer bei der Begrüßung ihre Arme jedoch voll ausgestreckt, um Abstand zu wahren. Frauen indessen werden sich eher für Körperkontakt entscheiden, etwa für angedeutete Umarmungen und einen Kuß auf die Wange. Beachten Sie hier jedoch die leichte Zurückhaltung der beiden Frauen: Die eine beläßt ihre Hände seitlich am Körper; die andere beugt sich nur scheinbar nach vorn. In Wahrheit zieht sie sich von der Taille an stark zurück. Warum dieses Verhalten?

druck zu hinterlassen. Bevor Sie auch nur den Mund öffnen, erhält Ihr Gegenüber auf nonverbalem Weg Ihr Persönlichkeitsbild: handfest oder lasch, selbstsicher oder nervös, freundlich oder abweisend. Auch wenn Sie jemandem bereits zuvor begegnet sind, können Sie die Grundstimmung durch die zu Beginn abgegebenen körpersprachlichen Signale festlegen.

Beginnen wir mit den Grundlagen. Wie stellen Sie einen ersten Kontakt her? Beim Menschen spielen in erster Linie die Augen eine Rolle. Setzen Sie Ihre Augen also gezielt ein, indem Sie die Person, die Sie begrüßen wollen, ansehen, so daß Sie auf den Blickkontakt vorbereitet sind, wenn sich die Person Ihnen zuwendet. Wenn Sie die Augen etwas weiter öffnen als gewöhnlich, kommt dies dem flüchtigen Brauenzucken nahe, das sich beim Erkennen einer bekannten Person spontan vollzieht: Ihr Gegenüber fühlt sich willkommen.

Behalten Sie den Blickkontakt auch nach der ersten Begrüßung bei. Bleiben Sie Ihrem Gegenüber mit dem ganzen Körper zugewandt, und widerstehen Sie der Versuchung, Ihren Blick oder Körper abzuwenden, da dies Nervosität oder Unterlegenheitsgefühle signalisiert. Sie erzielen einen wesentlich stärkeren Eindruck, wenn Sie Ihre Selbstsicherheit und Freundlichkeit mit einem Lächeln zum Ausdruck bringen. (Für den Fall, daß Sie nervös sind und Ihnen die Begegnung Probleme bereitet, besteht ein probates Mittel darin, drei- bis viermal ein kurzes, breites Lächeln zu zeigen, anstatt zu versuchen, ein starres Grinsen beizubehalten, das allmählich abklingt und peinlich wirkt.)

Nun sind Sie bereit, in das förmliche Begrüßungsritual überzugehen. Das Ausstrecken der Hand ist angesichts der bereits eingenommenen Position und leichten Neigung Ihres Körpers eine natürliche Geste. Sperren Sie sich nicht gegen das Händeschütteln, denn ein Mensch fühlt sich mit jemandem, den er berührt hat, stärker verbunden. Diesen Teil des Rituals auszulassen, würde bedeuten, die Chance zu verpassen, eine Bindung herstellen zu können. Politiker raten in dieser Situation dazu, nicht nach Worten zu ringen, sondern während des Händeschüttelns einfach den Namen des Betreffenden zu wiederholen. Ihr Gegenüber fühlt sich hierdurch aufgewertet, und Sie erleichtern sich ein späteres Erinnern, da Name und Gesicht in Ihrem Gedächtnis miteinander verknüpft werden.

Diese Folgeaufnahme birgt eine mögliche Antwort. Das hintere Paar zeigt die Hand-zu-Arm-Begrüßung, die typisch ist für einen Mann und eine Frau, die keine Partner sind. Der intensive Körperkontakt des vorderen Paares und ihr gelöstes Lächeln lassen vermuten, daß vielleicht mehr als bloße Freundschaft dahintersteckt.

Unterdessen handeln Sie natürlich nicht in einem luftleeren Raum. Ihr Gegenüber wird Ihnen vielmehr deutliche Signale vermitteln, ob es Ihr Tun billigt. Prüfen Sie immer wieder, wie freundlich oder förmlich der andere sein möchte, und passen Sie die fünf einzelnen Elemente der Begrüßung – Blickkontakt, »Zuneigung«, Lächeln, Berührung und Worte – entsprechend an. Wenn Sie jedoch zum Beispiel in einem sportlichen Wettkampf Ihrem Konkurrenten begegnen, werden Sie Ihr Lächeln vielleicht etwas abmildern und einen kurzen, markanten Händedruck wählen. Sollte jedoch der neue Verlobte Ihrer Schwester meinen, Sie auf beide Wangen küssen zu müssen, und Sie wollen zu seinem Wohlbefinden beitragen, so kommen Sie ihm entgegen und schätzen anhand seiner Bewegung den richtigen Zeitpunkt ab, nacheinander beide Wangen darzubieten.

Bezug schaffen

Unabhängig von der Dauer einer Bekanntschaft und dem Umfeld der Beziehung gibt es nach der ersten Begrüßung eine kurze Phase des »Setzens«. Hierbei werden auf nicht-sprachlicher Ebene die individuellen körpersprachlichen Stile so abgestimmt, daß sich ein rhythmisches Wechselspiel, der sogenannte Bezug, ergibt.

Das Herstellen von Bezug ist eine instinktive Fähigkeit des Menschen. Bereits das Ungeborene paßt seine Pulsfrequenz und andere Körperfunktionen denen der Mutter an. Im Alter von nur wenigen Monaten hat der Säugling bereits das zweite Hauptelement des Bezugs erlernt – das Wechselspiel: Dem freundlichen Brabbeln des Babys folgt eine Reaktion der Mutter, worauf das Baby wiederum mit einem freundlichen Brabbeln antwortet.

Als Erwachsene sind wir jedoch nicht mehr auf Brabbeln angewiesen, um eine Reaktion zu erzielen! Wir greifen auf nonverbale Anhaltspunkte zurück, um Abstimmung und Wechselspiel zu vollziehen. Abstimmung ist vorhanden, wenn beide die gleiche Haltung einnehmen, unbewußt Gesten kopieren oder wenn Sie jede nachdrücklich vorgetragene Äußerung Ihres Gegenübers mit einem

ebensolchen Nicken quittieren. Das sich in Worten, Mimik und Gestik ausdrückende Wechselspiel erfolgt automatisch.

Was aber, wenn Probleme auftreten? Wenn die Körpersprachen rhythmisch nicht aufeinander eingehen, entsteht das unangenehme Gefühl fehlender Abstimmung. Dem einen brennt es auf der Zunge, während der andere nicht zu reden aufhört. So kommt es, daß man sich, anstatt ein nahtloses Wechselspiel zu vollziehen, gegenseitig ins Wort fällt. Oder aber die Pausen werden länger.

Der Grund für Ihr Unbehagen liegt in einer mangelnden Übereinstimmung nicht etwa Ihrer Interessen, sondern der Körpersprache (besonders, wenn man beim ersten Kennenlernen noch nicht weiß, ob man miteinander auskommt). Es hapert einfach am Rhythmus.

Wenn Sie aktiv werden wollen, um sich in Gegenwart einer anderen Person wohler zu fühlen, sollten Sie für eine rhythmische Abstimmung sorgen, anstatt die Sache dem Zufall zu überlassen. Versuchen Sie, die beobachtete Körperhaltung Ihres Gegenübers unverkrampft zu kopieren, und vollziehen Sie jede Veränderung nach. Folgen Sie auch dem Rhythmus der Worte und Gesten: Ein Nicken wird mit einem leichten Nicken beantwortet, eine nachdrückliche Äußerung mit einem leichten Vorwärtslehnen. Nehmen Sie den gestischen Rhythmus des anderen in sich auf, bis sich ein natürliches Wechselspiel einstellt.

In den ersten Minuten erzeugt die gezielte Anpassung an einen fremden Rhythmus ein gewisses Unwohlsein. Das ist unvermeidlich, denn sonst hätte sich Ihr Körper von selbst angepaßt. Ihr Vorgehen erfordert dann eine gewisse Feinfühligkeit. Der Schlüssel zum Erfolg liegt darin, daß Sie Ihre Bewegungen und parallelen Haltungs- und Ausdrucksänderungen nur andeuten.

Beide interessieren sich für die Ausführungen des anderen; es besteht jedoch noch eine gewisse Reserviertheit. Beachten Sie den Gegensatz von direktem Blickkontakt, freundlichem Gesichtsausdruck und Frontalstellung zu der eingenommenen Distanz.

Der Bezug läßt nach. Er versucht, sie zu beeindrucken; sein direkter Blick und sein aus-
gestreckter Finger wirken aggressiv. Ihre
Unterarme sind schützend abgewinkelt; der
Blick geht ausdruckslos ins Leere und signalisiert ihren Rückzug.

Der Bezug baut sich erneut auf. Beide kommen sich näher, ihre Bewegungen sind lebhafter, ihr Lächeln ist breiter und echter.
Selbst seine Hände-auf-Hüften-Geste, die in
anderen Situationen bedrohlich erscheinen
mag, fällt nicht aus dem Rahmen.

Zwei Dinge werden sich mit der Zeit einstellen.
Zum einen wird sich Ihr Körper mit zunehmender
Praxis wohler fühlen. Zweitens wird Ihr Gegenüber
beginnen, seine Reaktionen – Sprache, Haltung,
Mimik – stärker auf Sie abzustimmen, da ihm Ihre
Rücksichtnahme ein Gefühl der Sicherheit vermit-
telt. Letztlich werden beide Rhythmen miteinander
verschmelzen, und es stellt sich Bezug ein.

Die Kunst der Konversation

Es mag ein Klischee sein, doch ein zutreffendes:
Garant für erfolgreiche Konversation ist richtiges
Zuhören. Hierbei geht es jedoch nicht allein darum,

die richtigen Fragen zu stellen, wie dies in vielen
Ratgebern vorgeschlagen wird. Denn die ständigen
körpersprachlichen Signale, mit denen Sie Ihr Inter
esse bekunden, sind wichtiger als ein gelegentli-
ches, noch so wohlformuliertes Nachfragen.

Die richtigen Signale vermittelt man am besten,
indem man wirklich zuhört, eigene Gedanken aus-
blendet und sich auf die Ausführungen des Gegenübers konzentriert. Die Körpersprache eines ver-
sierten Zuhörers stellt sich nun spontan ein: Blickkontakt, »Zuneigung« und leichtes Abwinkeln des
Kopfes, um das Hörverständnis zu verbessern.
Nervöse Gesten sind fehl am Platz. Sie bleiben statt

dessen ruhig und aufmerksam, mit Ausnahme vielleicht von kaum merklichen Anpassungen Ihrer Haltung und Gestik. Um größere Wirkung zu erzielen, können Sie die nonverbalen Signale Ihrer Aufmerksamkeit verstärken. Je mehr Rückmeldung Sie dem Sprecher vermitteln, desto stärker wird er sich geschätzt fühlen.

Beginnen Sie mit regelmäßigem Kopfnicken, dem menschlichen Verstehenssignal. Achten Sie darauf, deutlich und abgestimmt auf die Äußerungen des Sprechers zu nicken. Auf diese Weise bekunden Sie das Verstehen entsprechend betonter Wörter oder Sätze. Eine wirklich bedeutende Feststellung quittieren Sie mit einem in die Länge gezogenen Kopfnicken; es signalisiert Ihre Ernsthaftigkeit. Kopfnicken an den falschen Stellen bedeutet, daß Sie nicht bei der Sache sind; zweifaches Nicken bewirkt eine Beschleunigung des Redeflusses, und dreifaches Nicken kann Ihrem Gegenüber die Sprache verschlagen!

Bemühen Sie sich auch um eine emotionale Anpassung, denn jeder Sprecher ist schließlich darauf aus, daß man Freud und Leid mit ihm teilt. Ein Lachen ist zumindest mit einem Lächeln zu beantworten. Auf eine Traurigkeit bekundende Körpersprache reagieren Sie mit einem ernsten Gesichtsausdruck.

Zwischenfragen sollten Sie mit einer leichten Kopfneigung, Stirnrunzeln und dem Anflug eines Lächelns begleiten. Dies bedeutet: »Ich möchte mehr erfahren.« Auf diese Weise läßt sich das Gesagte weiter ergründen, ohne daß Sie bedrohlich wirken. Der Sprecher fühlt sich dann zu näheren Ausführungen ermuntert. Einen Nachteil gibt es jedoch: Der Sprecher mag glauben, Sie seien derart begeistert, daß er stundenlang weiterreden wird!

RICHTIGES SPRECHEN Haben Sie schon einmal einer monotonen Computerstimme zugehört? Falls ja, dann wissen Sie bereits, daß die gesprochene Sprache durch die Körpersprache wichtige zusätzliche Stimmungen und Betonungen erfährt.

Die erste Regel, die ein Sprecher beachten muß, das Wahren eines nonverbalen Kontakts zum Hörer. Dieser Kontakt kann verlorengehen, wenn Sie sich allein auf die Worte konzentrieren. So etwa ist das Abwenden des Blicks beim Sprechen ein natürlicher Vorgang, um den Denkprozeß zu fördern (siehe Seite 47); es besteht daher die Versuchung, den Blickkontakt gänzlich zu verlieren. Dies ist unbedingt zu vermeiden oder sofort abzustellen. Halten Sie einen möglichst beständigen Blickkontakt aufrecht, um den Zuhörer einzubeziehen.

Achten Sie auch darauf, daß Körpersprache und gesprochenes Wort übereinstimmen. Geübte

---

Ihr leicht vorwärts gebeugter Körper, ihre Kopfstellung, ihr Lächeln und ihre Augen weisen Sie als Zuhörerin aus, die an einer angenehmen Unterhaltung interessiert ist.

Redner benutzen Gestik, Mimik und Tonfall, um ihren Äußerungen Nachdruck zu verleihen. Achten Sie deshalb darauf, welche Wörter und Sätze Ihnen besonders wichtig sind. Jeder Satz verfügt über Betonungspunkte, die sich für eine nicht-sprachliche Akzentuierung eignen; dies reicht von »Können Sie mir ein neues Shampoo empfehlen?« bis »Nein, nicht da lang – hier lang!«

Instinktiv geschieht dies durch Heben oder Senken der Stimme, Verlangsamung des Redeflusses, Größerwerden der Augen, durch entsprechendes Kopfnicken oder eine Handgeste, die man als Taktstockgeste bezeichnen kann (weil es aussieht, als leite man sein persönliches Orchester). Falls Sie jedoch nicht daran gewöhnt sind, Ihre Körpersprache auf diese Weise zu variieren, um Interesse zu erregen, kann sich leicht ein Gefühl der Lächerlichkeit oder des Unwohlseins einstellen. Suchen

Sie sich daher einige erfolgreiche Vorbilder in Ihrer Umgebung, und bemühen Sie sich um eine natürliche Steigerung Ihrer Mittel.

Achten Sie hierzu auf Wörter, die Sie automatisch betonen, und verleihen Sie dieser Betonung eine gewisse Steigerung in puncto Tonfall, Tonhöhe oder Geschwindigkeit. Nun treten die Bewegungen hinzu: ein Kopfnicken, gefolgt von einer leichten Rumpfneigung. Verwenden Sie nun die Taktstockgeste, indem Sie das Kopfnicken mit der Ihnen am spontansten erscheinenden Geste Ihrer »Führhand« (meist die rechte Hand) akzentuieren.

Zeigen Sie in Ihren Äußerungen echte Gefühle, und machen Sie sich alle emotionalen Untertöne Ihrer Worte bewußt. Vergegenwärtigen Sie sich vergangene Gefühlsregungen wie etwa den Ärger, den Sie verspürten, als Sie die Spaghetti fallenließen oder den Schock, der Sie durchzuckte, als

Die Taktstockgeste der linken Hand verleiht einer getroffenen Feststellung eine eher rhythmische Betonung, während die leichte Schrägstellung der Finger eine Äußerung genauer akzentuiert.

Die Übergabegeste ist im Gegensatz zur Taktstockgeste durch eine ausgestreckte, nach oben geöffnete Hand gekennzeichnet. Der Gesichtsausdruck zeigt, daß sie keine weitere Aufmerksamkeit mehr erwartet, sondern bereit ist, die Rolle der Zuhörerin einzunehmen.

der Kellner die Suppe verschüttete. Lassen Sie Ihren Körper die gegenwärtige Emotion natürlich zum Ausdruck bringen (siehe Seite 74), auch unter Mitwirkung Ihrer Stimme und Ihres Gesichtsausdrucks. Indem Sie den Zuhörer in Ihre Erfahrung einbeziehen, wird sie für ihn lebendiger.

BALANCEAKT Die Kunst der Unterhaltung basiert weitgehend darauf, ein Gleichgewicht zwischen allen Beteiligten zu schaffen, und ist somit eine Erweiterung des bereits beschriebenen Wechselspiels bei der Erzeugung von Bezug. Erfolgreiche Sprecher kontrollieren dieses Gleichgewicht durch Verwenden nicht-sprachlicher Signale, um das Ende oder den Beginn ihrer Redebereitschaft anzuzeigen. Wer indessen auf einer Party schon einmal von einem Langeweiler an die Wand gedrückt wurde, weiß aus eigener – leidiger – Erfahrung, daß nicht

Ausdrucksloses Gesicht, gesenkte Schultern und eine eingefroren wirkende Haltung vermitteln: wenig Interesse. Fühlte sie sich einbezogen, so befänden sich die Schultern auf normaler Höhe, ihr Gesichtsausdruck würde sich den Äußerungen jeweils anpassen.

Sie möchte in ein Gespräch eingreifen. Die Stellung der linken Hand und der leicht zurückgeworfene Kopf deuten auf eine »Stoppgeste«. Der leicht geöffnete Mund läßt darauf schließen, daß sie gerade zum Sprechen ansetzen will.

jeder diese Signale kennt und wunschgemäß auf sie reagiert!

Für den Zuhörer ist es nützlich zu wissen, daß der Sprecher zum Zuhören bereit ist, wenn er eine längere Pause macht als gewöhnlich oder den Redefluß verlangsamt. Dies kann mit einer Veränderung der Tonlage, direktem Blickkontakt oder einer angedeuteten »Übergabegeste« einhergehen. Das Geheimnis für den Zuhörer besteht darin, bei Fehlen dieser Signale nicht einmal den Versuch der Ablösung zu unternehmen; anderenfalls würde er dem Sprecher ins Wort fallen. Wenn die Signale auftreten, Sie das Wort aber nicht übernehmen wollen, können Sie den Sprecher durch Stellen einer weiteren Frage zum Fortfahren auffordern. Alternativen sind das Wahren des Blickkontakts und bedächtiges Kopfnicken oder die Verwendung des »Ergründungsausdrucks« (siehe Seite 27).

Wenn Sie als Sprecher Ihrem Gegenüber auf nonverbalem Weg das Wort erteilen wollen, müssen ihm diese Signale deutlich vermittelt werden; nicht jedoch, wenn Sie fortfahren wollen. (Wenn Ihnen jemand ins Wort fällt, dann oft nicht aus Unhöflichkeit, sondern weil er von Ihnen mitten im Satz ein mehrdeutiges nonverbales Signal erhalten hat.) Beabsichtigen Sie indessen, weiter am Ball zu bleiben, so verzichten Sie auf Blickkontakt, machen keine Pausen, heben die Stimme leicht an und vermeiden jegliche Übergabegesten.

Das größte Problem bei einer Unterhaltung besteht darin, überhaupt nicht zum Zuge zu kommen. Wenn Sie der oben erwähnte Langweiler in die Klemme gebracht hat, beginnen Sie damit, ihm (oder ihr) jene natürlichen Signale zu vermitteln, mit denen wir unsere Redebereitschaft bekunden. Stellen Sie einen Blickkontakt her, und holen Sie bei der kleinsten Pause tief Luft, als wollten Sie zum Sprechen ansetzen. Verstärken Sie Ihr Kopfnicken.

Sollte dies scheitern, müssen stärkere Geschütze aufgefahren werden. Wenden Sie den Blick ab, verzichten Sie auf das Kopfnicken, und neutralisieren Sie Ihren Gesichtsausdruck. Schauen Sie zur Seite, so als seien Sie abgelenkt. Heben Sie einen Finger oder eine Hand. Falls Ihr Gegenüber nun immer noch weiterredet, ist er des Zuhörens nicht wert. Unterbrechen Sie ihn unbarmherzig so lange, bis er Ihnen Aufmerksamkeit schenkt, und nutzen Sie diese Gelegenheit, um fortzufahren.

Gedankenlesen

Im Umgang miteinander erfahren wir mehr über die Denkgewohnheiten des anderen. Einige Psychologen vertreten die Auffassung, daß unsere Körpersprache etwas über die Funktionsweise unseres Gehirns aussagt und das eine gleichsam ein Spiegelbild des anderen ist.

Wie Sie wahrscheinlich aus eigener Anschauung wissen, verbinden wir mit den Menschen und Erfahrungen, die wir in der Außenwelt antreffen, gewisse Assoziationen – etwa in Form eines Bildes, Klangs oder gar eines Geruchs, Geschmacks oder Gefühls. (Zweifler mögen einmal versuchen, sich an die Farbe der momentan benutzten Bettlaken zu erinnern oder sich vorzustellen, wie der Lieblingstitel klänge, wenn man ihn mit halber Geschwindigkeit abspielte.) Alles im Gedächtnis Gespeicherte ist dort in einer bestimmten Weise vertreten.

Um herauszubekommen, wie man mit Hilfe körpersprachlicher Signale die augenblicklichen Gedanken unserer Mitmenschen erschließen kann, müssen wir zunächst herausbekommen, wie diese sich äußern. Die amerikanischen Psychologen Richard Bandler und John Grinder gehen davon aus, daß sich anhand der Augenbewegungen auf den im Gedächtnis aktivierten Sinn schließen läßt; demnach könnte man erkennen, ob sich diese Person gerade an etwas Gesehenes, Gehörtes, Gefühltes, Gerochenes oder Geschmecktes erinnert.

Bandler und Grinder haben folgendes festgestellt: Wenn man an etwas Gesehenes denkt, schaut man nach oben oder ins Leere, richtet sich auf, hebt die Augenbrauen und atmet rascher.

Denkt man an einen Klang, so schaut man zur Seite, neigt den Kopf in eine Richtung und atmet gleichmäßig. Wer sich ein Gefühl oder eine Emotion vergegenwärtigt, blickt nach unten und nach rechts, beugt Rumpf und Schultern leicht nach vorn und atmet tief.

Beim Erinnern an etwas tatsächlich Gesehenes oder Gehörtes verlagert sich der Blick überdies leicht nach links, während bei der bloßen Vorstellung von etwas noch nicht Gesehenem oder Gehörtem der Blick nach rechts gerichtet ist. Wer in Worten denkt (also gleichsam »Selbstgespräche« führt), schaut nach unten und nach links und vollzieht oft intuitiv Lippen- oder Kehlkopfbewegungen.

Jede dieser Augenbewegungen dauert nur Sekundenbruchteile und bleibt nicht selten unerkannt, zumal sie sich zu Sequenzen aus Dutzenden von Einzelbewegungen zusammensetzen, weshalb nicht jedem einzelnen Gedanken nachgespürt werden kann. Dennoch lassen sich zahlreiche Informationen darüber gewinnen, ob jemand typischerweise in Bildern, Wörtern oder Gefühlen denkt. Ist ein solches Signal deutlich vorhanden, so läßt sich manchmal erkennen, daß jemand sich an etwas Gesehenes erinnert, und fragen »Wie sah das aus?«, noch bevor der Gedanke richtig Gestalt angenommen hat!

GEDANKENGÄNGE Nachdem Sie anhand der Augenbewegungen Ihres Gegenübers eine allgemeine Vorstellung von dessen Gedanken gewonnen ha-

Blickrichtung und Kopfhaltung zeigen, daß sie an etwas Gesehenes denkt – und daß sie das Bild nun vor ihrem geistigen Auge »sieht«.

Die leichte Kopfneigung und ihr Blick nach rechts zeigen an, daß sie sich offenbar an etwas Gehörtes erinnert.

Der Blick nach unten links signalisiert, daß sie »Selbstgespräche« führt.

Der Blick ins Leere signalisiert, daß sie sich an ein Gefühl erinnert.

ben, können Sie nun durch Beobachten der Bewegungen von Kopf und Gliedmaßen konkretere Eindrücke gewinnen. Fragen Sie etwa, wie viele Gläser Wein die Person am letzten Abend getrunken habe. Wenn man sich dies vor dem geistigen Auge vergegenwärtigt, wird das von einem leicht nach oben gerichteten Blick begleitet sein. Vielleicht werden die Augen sogar von links nach rechts wandern und auf jedem der erinnerten Gläser kurz verweilen. Der übrige Körper vermittelt

weitere Informationen, etwa indem jeder Zählwert durch ein kurzes Kopfnicken oder klopfende Bewegungen der Gliedmaßen quittiert wird. Durch genaues Beobachten und präzises Interpretieren werden Sie nicht nur voraussagen können, was Ihr Gegenüber sagen wird, sondern auch in der Lage sein, Widerspruch anzumelden, falls Worte und »Taten« nicht übereinstimmen.

Speziell anhand der Bewegungen von Kopf und Gliedern können wir Beträchtliches darüber erfahren, wie wir Dinge im Geiste »sehen«. So etwa wird die Gestalt, die jemand mit Hilfe von Kopf und Händen absteckt, für die in Gedanken vergegenwärtigte Gestalt repräsentativ sein. Die Größe der »Zeichnung« gibt Aufschluß über die der Sache zugemessene Bedeutung, und die Geschwindigkeit der Bewegungen signalisiert den Grad der Aufregung, der mit dem Gedanken einhergeht. An der Position der Gesten läßt sich sogar ablesen, ob sich die Gedanken auf die Vergangenheit (Geste nach links bzw. nach hinten), Gegenwart (nach vorn) oder Zukunft (nach rechts oder weit nach vorn) beziehen.

Hier ein Versuch: Bitten Sie eine Freundin, ihre Arbeit zu beschreiben, ohne daß Sie Ihr Anliegen begründen. Sie werden vielleicht einige ruckartige

Handbewegungen beobachten können, begleitet von einem markanten Hin- und Herwiegen des Kopfes. Ihre Handbewegungen werden womöglich in größerer Höhe ansetzen, wenn sie über ihren Chef spricht und allmählich nach unten gehen, wenn sie auf ihre Kollegen zu sprechen kommt. Ihre Gestik mag außerdem zunehmen, wenn sie über ihr jüngstes Projekt berichtet. Auch ganz ohne Worte würden Sie in der Lage sein, ihre tatsächliche Eignung für die Tätigkeit zu erahnen – in dem gleichen Maße, wie wenn sie Ihnen ein gänzlich anderes Bild vermitteln würde, indem sie mit sanft fließenden Bewegungen einen Kreis beschreibt, bevor sie schließlich die Hände in harmonischer und entspannter Weise wieder zurücknimmt.

Oben links: **Lutz berichtet über einen Radfahrunfall. Seine Hand weist auf die Stelle seiner Verletzung, die Öffnung von Augen und Mund signalisiert seine Überraschtheit. Sein Ausdruck zeigt auch, daß er das Vorkommnis, über das er offenbar gern berichtet, gut verarbeitet hat. Aus unseren zielgerichteten Gesten läßt sich nicht selten ablesen, wie**

sehr wir von einem Ereignis betroffen sind – besonders, wenn wir in einem speziellen Körperteil eine starke Empfindung verspürten.

Oben rechts: **Romy berichtet über ein für die nahe Zukunft geplantes Vorhaben. Die nach rechts gewandten Hände deuten auf etwas Zukünftiges.**

BEREDTE MIMIK Während Sie sich im Beobachten von Augenbewegungen und Gesten üben, sollten Sie zuletzt auch dem Gesichtsausdruck Aufmerksamkeit schenken.

Hier die am weitesten verbreiteten mimischen Elemente und ihre Bedeutung: Ein leichtes Lächeln und Größerwerden der Augen (wie beim gezielten Hinschauen) signalisiert eine positive Gestimmtheit. Leichtes Stirnrunzeln, gesenkte Mundwinkel und Zusammenkneifen der Augen (wie beim Nichthinsehen-Wollen) bekunden Mißbilligung. Seitliche Mundbewegung und hilfesuchender Blick nach oben zeugen von Unsicherheit oder Zurückhaltung.

Mit einiger Übung läßt sich beim »Lesen« der Gedanken eine beachtliche Präzision erzielen, vor allem, wenn man den Betreffenden bereits gut kennt. Wenn Sie eine Freundin fragen, welche Kneipe sie gestern besucht habe, wird sie nach

Carla reagiert auf die Spinne mit sichtlicher Zurückhaltung. Ihr Lächeln ist eine typische Reaktion auf etwas Negatives, denn das Bekunden starker Gefühle gilt als sozial nicht akzeptabel.

oben schauen, dann vielleicht nach links und sich auf diese Weise vergegenwärtigen, wie es dort aussah oder wie die Musik klang. Hinzu kommen leerer Ausdruck beim Hinaufschauen, beim Blick zur Seite ein Verziehen der Mundwinkel; Kopfschütteln und eine abweisende Geste; sodann beim Blick nach unten der Anflug eines Lächelns und eine Eigenberührung. Wenn Sie Ihre Freundin gut genug kennen, um dieses nonverbale Gerüst mit Bedeutung zu füllen, dürften Sie ins Schwarze getroffen haben, wenn Sie auf eine neutrale Ausstattung, erbärmliche Musik – und auf die Gegenwart einer irgendwie willkommenen Person tippen.

Entschlüsseln der Persönlichkeit

Die Körpersprache für die Persönlichkeitsanalyse heranzuziehen ist an sich nichts Neues. Bereits im Mittelalter nahm man an, das Erscheinungsbild lasse eindeutig auf den Charakter schließen. So galten Männer mit ausgeprägtem Riechorgan aus naheliegenden Gründen als sexhungrig. Kleinköpfigkeit hielt man für ein Zeichen mangelnder Intelligenz. Diese mittelalterliche Form der Körpersprache geriet jedoch in Mißkredit, denn Körper»teile« geben nun einmal keinen Aufschluß über die Person als Ganzheit. In der Vergangenheit fand jedoch ein gewisses Umdenken statt. Zwar stehen ererbte Merkmale wie eine große Nase oder ein kleiner Kopf in keiner Beziehung zur Persönlichkeitsstruktur, nicht aber jene Elemente der Körpersprache, die wir uns im Verlauf des Lebens aneignen. So wird eine Person, die das Leben leicht und locker nimmt, auch äußerlich eine unverkrampfte Haltung einnehmen. Ein nervös veranlagter, stets angespannter Mensch indessen mag mit Verspannungen in der Schulter zu kämpfen haben.

Wenn Sie den Charakter einer Person ergründen wollen, so achten Sie weniger auf einzelne Gesten und flüchtige Äußerungen, sondern auf dauerhafte körpersprachliche Muster wie Haltung, typische Gestik und gängige Abläufe von Augenbewegungen, Gesichtsausdrücken und Berührungen. Wenn Sie daraufhin eine Person eine Zeitlang beobachten, werden Sie zu Schlußfolgerungen über die wahrgenommenen Verhaltensmuster gelangen.

Beginnen wollen wir mit drei anerkannten Persönlichkeitsstrukturen und einer Beschreibung der Körpersprache, die oft mit ihnen einhergeht.

GUCKER, LAUSCHER ODER BERÜHRER? Ist es das Sehen, Hören oder Berühren, das einer bestimmten Person den meisten Genuß bietet? (Geruchs- und Geschmackssinn sind meist nur in besonderen Situationen wie Essen und Lieben von Belang). Die meisten Menschen hegen eine leichte, einige jedoch eine ausgeprägte Vorliebe für einen bestimmten Sinn, der in ihre Persönlichkeit einfließt und sich oft in der Körpersprache deutlich äußern kann.

Gucker zeigen oftmals eine gute Haltung, jedoch angespannte Schultern. Sie sind nicht selten dünn und schmallippig. Aus naheliegenden Gründen sind sie bei der Wahl ihrer Kleidung und Einrichtung auf optische Wirkung aus. Attraktive Dinge vermitteln ihnen Wohlbehagen. Außerdem denken sie meist in Bildern; da dies mit gewissen Anstrengungen verbunden ist, kann eine gerunzelte Stirn auftreten, ohne daß das übrige Gesicht eine Faltenbildung aufweist (siehe Seite 138).

Lauscher messen Worten, Klängen und Geräuschen eine besondere Bedeutung bei. Ihre übliche Kopfhaltung weist leicht nach unten und zur Seite,

so als lauschten sie, oder sie halten eine Hand in Ohrnähe (»Telefonierhaltung«). Wenn sie etwas durchdenken, kann man Lippenbewegungen bei ihnen beobachten, so als führten sie Selbstgespräche. Sie lieben Rhythmen, die sie auf Tischen, Stuhllehnen und dergleichen klopfend ausprobieren.

Berührer sind meist sehr emotional veranlagte Zeitgenossen und oft von rundlicher Gestalt. Sie sind körperlich leicht nach innen gekehrt, haben gerundete Schultern und volle Lippen. Sie atmen tief, ihre Bewegungen sind entspannt und locker; oft haben sie eine tiefe Stimme. Da ihr Stil weniger darauf ausgerichtet ist, wie etwas aussieht, sondern wie es sich anfühlt, entscheiden sie sich eher für Weichheit und Behaglichkeit als für Modisches. Für jede dieser sinnlichen Bevorzugungen lassen sich Vorteile und Nachteile anführen. Wer einen bestimmten Sinn bevorzugt, muß nicht gleich im Leben einen Nachteil haben, obwohl er für bestimmte Aufgaben weniger geeignet sein mag. So etwa frage man besser nie Lauscher, was man zu einer Party anziehen soll. Modische Tips von einem Gucker indessen sind hingegen eine Erfolgs-, wenn auch keine Bequemlichkeitsgarantie.

Prüfen Sie, ob Sie selbst eine ausgeprägte Vorliebe für einen bestimmten Sinn hegen. Falls ja, dann seien Sie auf mögliche Probleme mit anders orientierten Zeitgenossen gefaßt. Wenn Sie ein Gucker sind und Ihr Freund ein Lauscher, wird ihm die Grundrißzeichnung Ihrer neuen Wohnung nichts sagen; erzählen Sie ihm statt dessen davon. Wenn er nun versucht, seine neue Freundin zu beschreiben, werden Sie ihn vielleicht um ein Foto von ihr bitten müssen, bevor Sie diese Beziehung richtig würdigen können.

Darüber hinaus bestehen zwischen diesen drei Grundtypen einige grundlegende Unterschiede in ihrer Art zu kommunizieren. Der Gucker wird – sehr zum Leidwesen des Lauschers – beim Reden ausgiebig Einblick nehmen. Ein Lauscher indessen, der beim Sprechen eher wegschaut, kann beim Gucker ein Gefühl mangelnder Wertschätzung erzeugen. Wenn Ihr berührungsorientierter Freund Ihnen in einer unruhigen Menschenmenge näher

Typische nicht-sprachliche Anzeichen von drei Grundpersönlichkeiten. Links die aufgerichtete Haltung, direkter Blick und gerunzelte Stirn der optisch orientierten Persönlichkeit. In der Mitte die runden Formen und nach innen gekehrte Haltung der berührungsorientierten Persönlichkeit. Rechts der geneigte Kopf und die zum Kopf geführte Hand der akustisch orientierten Persönlichkeit.

auf die Haut rückt, ist dies kein böser Wille, sondern durch seine Vorliebe für Körpernähe bedingt; eine kurze Umarmung wird sein Wohlbefinden wiederherstellen.

INTROVERTIERT ODER EXTROVERTIERT? Eine weitere anerkannte Unterscheidung ist die zwischen extrovertiert und introvertiert, also zwischen gesellig eingestellten Menschen und solchen, die ein beschaulicheres Leben vorziehen. In medizinischen Kreisen ist man heute der Auffassung, daß sich die Nervensysteme dieser beiden Persönlichkeitstypen tatsächlich voneinander unterscheiden. Da der Introvertierte durch Gespräche leichter stimuliert wird, ist seine Sättigungsschwelle rascher erreicht. Extrovertierte hingegen werden hierdurch weniger leicht angeregt und benötigen mehr persönliche Kontakte, um Befriedigung zu erreichen.

Aufgrund seiner Verhaltensmuster ist der Introvertierte meist vor Stimulation geschützt. Er hat oftmals eine aufrechte, »steifnackige« oder hoch-

In Gegenwart eines verspielten Kleinkindes lassen sich Introvertierte und Extrovertierte leicht erkennen. Rita und Uwe fühlen sich sichtlich wohl und suchen die Aufmerksamkeit und den Kontakt mit dem Kleinen. Carla hingegen nimmt trotz ihrer »Zuwendung« eine defensive Haltung ein. Ihre gesenkten Augen zeigen Distanz. Das Spielzeug, das sie verdeckt hält, dient als Alibi innerer Beteiligung.

schultrige Körperhaltung, die es ihm erschwert, sich anderen zuzuwenden. Er ist stets auf Distanz aus und weicht auch einmal zurück, wenn ihm jemand zu nahe kommt. Zufälliges Berührtwerden verursacht bei ihm eine starre Verteidigungshaltung. Wenn ein Blickkontakt ausnahmsweise einmal unumgänglich ist, dann wird er durch »Ausweichbewegungen« der Hände und Füße begleitet.

Ganz anders das Verhalten des Extrovertierten: Er kommt seinen Mitmenschen spontan entgegen und behält den Blickkontakt über einen längeren Zeitraum bei. Seine Äußerungen sind energischer, um aus den Reaktionen seines Gesprächspartners weitere Anregung zu erfahren. Von seiner Gestik und Mimik scheint eine besondere Heiterkeit auszugehen, einfach weil er sich in anregender Gesellschaft wohlfühlt. Er ist besonders berührungsorientiert und anschmiegsam, schon, um weitere Empfindungen zu erfahren.

Jeder Persönlichkeitstyp verdient eine unterschiedliche Behandlung. Suchen Sie mit einer introvertierten Person einen ruhigeren Bereich auf, in dem Sie ungestört sind. Sprechen Sie leise, und seien Sie mit Berührungen vorsichtig. Denken Sie daran, daß Ihre schiere Anwesenheit den anderen überfordern kann, nicht Sie als Person. Extrovertierte indessen nehmen alle Anregungen an, die Sie geben können. Hier sind größere Nähe, schnelleres Sprechen, intensiver Blickkontakt und Berührungen angezeigt.

Außerdem gilt folgendes: Eine extrovertierte Person wird in der Regel durch Sie allein nicht ausgefüllt sein und geräuschvolle, anregende Umgebungen suchen, in denen sie sich mit anderen austauschen kann. Ein Introvertierter hingegen wird sich in intimen Situationen mit Schummerlicht, unaufdringlicher Musik und im Zwiegespräch am wohlsten fühlen.

O.K. UND NICHT O.K. Eine dritte Unterscheidung der Persönlichkeitstypen ist die zwischen O.K.-Person (jemand, der im Grunde mit sich zufrieden ist) und Nicht-O.K.-Person (jemand, der sich unsicher und unterlegen fühlt). Die Begriffe stammen von Eric Berne, dem Begründer der Transaktionsanalyse (TA).

Eine O.K.-Person hat eine aufrechte Haltung mit festen, kantigen Schultern, erhobenem Haupt und ausbalanciertem Körper. Die Bewegungen sind flink und geschmeidig, der lebhafte Gesichtsausdruck ist stets freundlich. Aus der Nähe betrachtet, lassen sich an den Mundwinkeln winzige, aufwärts gerichtete Linien erkennen: ein Zeichen dafür, daß sie häufiger lacht als schmollt.

Eine Nicht-O.K.-Person hat eine mehrfach gekrümmte Haltung. Beim Gehen oder Sitzen tendiert ihr Körper dazu, in sich zusammenzufallen (krummer Rücken, Kinn gegen Brust). Ihre Bewegungen sind langsam und erzwungen, der Gesichtsausdruck traurig und matt. Die Mundlinien sind leicht nach unten gerichtet: ein Zeichen dafür, daß sie häufiger schmollt als lacht.

Wenn Sie einer Nicht-O.K.-Person begegnen, werden Sie automatisch zurückhaltend, und es beschleicht Sie die Erkenntnis, daß ein Kontakt mit dieser Person auf lange Sicht kein besonderes Vergnügen sein wird, auch wenn sie bei dieser ersten Begegnung recht lebhaft sein mag. Solchen instinktiven Gefühlen sollte Beachtung geschenkt werden.

Menschen mit einer Körpersprache, die Nicht-O.K. bekundet, sind gesellschaftlich benachteiligt, da ihnen die Herstellung und Pflege von Kontakten schwerfällt. Da sich die Körpersprache mit der Zeit zunehmend verfestigt, sehen sich diese Personen

Bereits das Verhalten beim Lesen eines Briefes läßt auf die Persönlichkeitsstruktur schließen. Leo bekundet mit seiner aufrechten Haltung und leichtem Lächeln grundsätzlichen Optimismus. Er führt den Brief buchstäblich an sich heran, so als erwarte er gute Nachrichten. Sarah indessen signalisiert ihre pessimistische Grundeinstellung durch die abgewinkelte Kopfhaltung, angespannten Lippen und gesenkten Augen. Sie scheint Abstand von dem Brief zu suchen.

mehr und mehr isoliert. Seien Sie also auf der Hut! Schauen Sie in den Spiegel. Was sagt Ihre Körpersprache über Sie aus? In welche der beiden Richtungen weist sie?

Wenn Sie etwas Negatives herausbekommen, sollten Sie sofortige Maßnahmen ergreifen. Beginnen Sie, sich mit der Ihnen fehlenden O.K.-Körpersprache anzufreunden. Sitzen Sie aufrechter, bewegen Sie sich rascher, lächeln Sie mehr, und nehmen Sie »aufwärts« als die Grundrichtung Ihrer Körpersprache. Dies signalisiert nicht nur anderen etwas Positives, auch Sie selbst werden sich vorübergehend wohler in Ihrer Haut fühlen. Die Maxime »keep smiling« funktioniert tatsächlich.

Um eine tiefgreifende, dauerhafte Veränderung zu erzielen, ist jedoch mehr als ein oberflächlich gewandeltes Verhalten erforderlich. Falls Sie Ihre persönliche Wirkung nach außen nachhaltig ändern wollen, müssen Sie zunächst zu einer neuen inneren Einstellung gelangen. Erhöhen Sie Ihre Selbstachtung, indem Sie Ihr Leben selbst in die Hand nehmen.

Kontakte

Stellen Sie sich vor, auf einer Party oder in einem Lokal zu sein. Mit ausdruckslosem Gesicht halten Sie sich an Ihrem Drink fest. Sie sind unsicher, weil Sie fürchten, einen Korb zu erhalten oder weil Sie meinen, sichtlich nach Gesellschaft zu suchen sei ein Zeichen für gesellschaftliches Versagen. Obwohl Sie auf Gesellschaft aus sind, signalisieren Sie das krasse Gegenteil. Ihre Botschaft lautet: »Nein, danke. Kein Interesse.«

Sozial erfolgreiche Menschen sind in der Lage, nonverbale »Aktivitäten« mit nonverbaler »Zugänglichkeit« zu kombinieren. Es muß sich dabei gar nicht um Extrovertierte handeln (die gesellschaftliche Anregung zu schätzen wissen, aber nicht unbedingt aktiv danach streben). Menschen, die bei anderen gut ankommen, verfügen über bestimmte körpersprachliche Strategien, mit deren Hilfe sie ständig und energisch Kontakt zu anderen suchen.

Beginnen Sie bei nächster Gelegenheit, sich dieses Verhalten von der ersten Minute an anzueig-

Wer ist der soziale Führer? Blickrichtung, Zugewandtheit und Stellung von Petras rechtem Fuß signalisieren, daß Leo (gemusterte Weste) im Zentrum der Aufmerksamkeit steht.

Als Romy sich der Gruppe anschließt, wird sie von ihr nonverbal kaum wahrgenommen. Sie wirkt unauffällig und paßt sich mit ihren Bewegungen (Hände, Füße, Position) der Gruppe an, die sich soeben Kurt (in der schwarzen Weste) zuwendet.

nen. Gehen Sie langsam, doch entschlossen von einem Platz zum anderen und sondieren Sie den Raum, um Blicke einzufangen. Bleiben Sie in Bewegung; die Zeit des Verweilens und Redens ist noch nicht gekommen. Ihr Blickkontakt signalisiert, daß Sie sozial verfügbar sind und gestattet Ihnen, Gleichgesinnte ausfindig zu machen. Ihr Gesichtsausdruck sollte eher Freundlichkeit als Flirtsuche (siehe Seite 60) bekunden. Lockerheit ist angesagt!

Bei Ihrem ersten Ansprechpartner sollte es sich um jemanden handeln, der seine Zugänglichkeit bereits per Blickkontakt bekundet hat. Einer der Gründe für soziales Versagen besteht nämlich darin, daß wir unsere »Zielperson« eher danach aussuchen, ob sie allgemein interessant aussieht, und nicht danach, ob sie an uns interessiert scheint. Wir fühlen uns abgewiesen, wenn diese Person auf einen Kontakt, zu dem sie in Wahrheit gar nicht aufgefordert hatte, nicht positiv reagiert.

Einem Mann nähert man sich am besten von der Seite, einer Frau von vorn, da diese Richtungen jeweils die geringste Verunsicherung bewirken. Eine Studie aus dem Jahr 1974 kommt zu dem Schluß, daß Männer herkömmlicherweise eher frontal und Frauen eher von hinten angegriffen werden und wir daher bei der Annäherung einer Person (selbst mit freundlichen Absichten) aus einer dieser Richtungen instinktiv, wenn auch nur vorübergehend irritiert sind.

Das gesellschaftlich akzeptierte Ritual besteht darin, sich so weit zu nähern, daß man sich bemerkbar macht. Längerer Blickkontakt, freundlicher Ausdruck oder eine unbewußte Aufforderungsgeste signalisieren uns, in den »Dunstkreis« des anderen eintreten zu dürfen. Hierauf kann man mit einem angedeuteten Kopfnicken (beim Affen ein Beschwichtigungssignal), einem Lächeln, weiterer Annäherung und einem Gruß reagieren. Für Ihr Kommen müssen Sie sich nicht entschuldigen. Jemand, der ebenfalls allein gekommen ist, wird erleichtert sein, daß Sie ihn angesprochen haben.

Wenn Ihr Ansprechpartner in Begleitung gekommen ist, jedoch zeitweilig alleingelassen wurde,

Romy stellt mit Leo einen ersten freundlichen Blickkontakt her. Falls sie die Aufmerksamkeit des sozialen Führers gewinnen kann, werden sich ihr auch die anderen zuwenden.

Romy ist nun mit von der Partie, denn Leo hat für sie durch seine Zuwendung (Blickkontakt und Kopfstellung) eine Bresche geschlagen. Romy wird nun in den Kreis aufgenommen und kann mit allen anderen nach Belieben kommunizieren.

müssen Sie dem Zurückkehrenden signalisieren, daß Sie nicht in Konkurrenz treten wollen. Sie erreichen dies, indem Sie ihm buchstäblich Platz machen und sich ihm in den ersten Minuten besonders zuwenden (Blickkontakt, freundliches Lächeln). Wenn sich der »Neuling« zu entspannen beginnt, werden Sie feststellen, daß die Dreiergruppe sich wie von selbst zu einem gleichseitigen Dreieck anordnet und sich nach und nach findet, um Bezug herzustellen (siehe Seite 24).

FREUNDSCHAFTEN KNÜPFEN Wenn Sie einer Person nur kurz begegnen, werden Sie mit Ihrer Körpersprache Gefahrlosigkeit, Zustimmung und Bezug signalisieren. Beim Aufbau einer Freundschaft hingegen wird sich der Kommunikationsprozeß von der kurzfristig angelegten Beschwichtigung zur langfristigen Bindung verlagern. Körpersprachliche Techniken sind hier relativ wirkungs-

Die aufregenden Anfänge einer Freundschaft zeigen sich in Form spiegelbildlichen Verhaltens bis hin zur Kleidung.

los, denn die Herstellung einer intensiven Bindung ist derart vielschichtig und langwierig, daß sie sich allein auf unbewußter Ebene vollziehen kann. Sollten Sie versuchen, diesen Prozeß gezielt zu beschleunigen, wird Ihr Verhalten gekünstelt erscheinen. Sinnvoll ist die Körpersprache aber bei der Überwachung des Prozesses und der Erzeugung eines der Freundschaft angemessenen Umfelds.

Wenn Sie beide dabei sind, sich zu finden, werden Sie feststellen, daß Sie Ihre Sinne spontan füreinander öffnen, so als wollten Sie mit weiter geöffneten Augen, anhaltenderen Blicken und »aufgestellten« Ohren mehr über einander erfahren. Der Informationsaustausch intensiviert sich, indem Sie merklich dichter beieinander sitzen, einander unverstellter und ausdrucksvoller ins Gesicht schauen, einander häufiger berühren und sich lauter und mit größerem Nachdruck miteinander unterhalten.

Zwar ist dies nicht die gleiche Art von körperlicher Nähe, die man mit einem Intimpartner erhält, doch Sie werden zunehmend ähnlichere körpersprachliche Abläufe entwickeln, die Ihre immer ähnlicher werdenden Gedanken und Gefühle begleiten. Diesen Prozeß können Sie unterstützen, indem Sie für ein angemessenes Umfeld sorgen: Treffen Sie Vorkehrungen für den gemeinsamen Besuch von Veranstaltungen (gemeinsame Erfahrungen) und möglichen intimeren Begegnungen, bei denen Sie sich ungestört austauschen können (intensiver Blickkontakt, körperliche Nähe).

In einem solchen Umfeld werden Sie Ihre Haltungen, Gesten und Bewegungen mit der Zeit aufeinander »abstimmen« (siehe Seite 24). Am Anfang steht womöglich das Tragen der gleichen Mode und das Bevorzugen der gleichen Musik und Restaurants. Dies bedeutet mehr als »gleich und gleich gesellt sich gern«. Indem Sie sich beide für den gleichen Stil entscheiden, teilen Sie der Welt mit, daß Sie die gleiche Art Person sind. Derartige äußerlichen Erkennungszeichen sind unter Jugendlichen am auffälligsten. Alle Mitglieder einer Gruppe tragen den gleichen Anstecker oder ein T-Shirt mit identischem Aufdruck. Solche Zeichen sind jedoch auch in der Erwachsenenwelt nicht verschwunden.

Entsprechend den Erwartungen werden sich diese greifbaren Zeichen für die bestehende Bindung mit der Zeit verstärken. Sie werden jedoch zu verblassen beginnen, sobald sich eine gewisse Vertrautheit eingestellt hat.

Wenn Sie etwa mit einem alten Freund zusammen sind, schenken Sie einander oftmals keine auffallende Aufmerksamkeit. Beide sitzen scheinbar teilnahmslos und ohne Blickkontakt nebeneinander. Die Stimmen klingen leblos und fade. Eine offenkundige Abstimmung der Gesten oder Stile scheint nicht gegeben. Man könnte meinen, Sie seien nicht aneinander interessiert.

Dies bedeutet jedoch nichts anderes, als daß Sie die Lernphase bereits hinter sich haben. Da man weiß, wie sich der andere verhält, muß man ihn nicht ständig beobachten. Man fühlt sich nahe, und daher bedarf es keines überflüssigen Beweises durch Abstimmung oder Spiegelung. Alle Anzeichen der Ähnlichkeit sind bereits unterschwellig vorhanden: die Atmung verläuft absolut synchron, der Wimpernschlag ist peinlich genau abgestimmt, und sogar Veränderungen wie Erblassen vor Nervosität oder Erröten vor Ärger werden ansatzweise nachvollzogen. Beim gemeinsamen Spazierengehen etwa bedarf es keiner Ankündigung, daß man an einer bestimmten Stelle die Straßenseite wechseln möchte, wie man dies gegenüber Freunden äußern würde. Mit einem guten Freund findet man sich plötzlich auf der anderen Straßenseite wieder, ohne daß man die subtile Verständigung bemerkt hätte.

DAZUGEHÖREN Wie steht es, wenn sich die Freundschaft auf mehr als nur eine einzelne Person erstrecken soll? Die Kontaktaufnahme mit einer Gruppe kann eine echte Herausforderung sein. Unabhängig davon, auf welche Dauerhaftigkeit die Gruppe angelegt ist, gibt es stets eine gewisse »Probezeit«, die bestanden sein will.

Die aus geselligen Anlässen entstehenden Gruppen haben nur für sehr kurze Zeit Bestand. Ermitteln Sie anhand von Körpersignalen, welches die zugänglichste Gruppe ist. Laute Stimmen und reger Austausch signalisieren, daß sich die Gruppenmitglieder bereits näher kennen und auf einen Neuzugang vielleicht nicht gerade überschwenglich reagieren. In Gruppen mit einem dominanten Führer werden Sie nur schwer zum Zuge kommen. Entscheiden Sie sich lieber entweder für eine Gruppe, die klein genug ist, um ausbaufähig zu sein, für eine, die ausreichend groß ist, um gezielte Zwiegespräche zu führen oder für eine Gruppe, in der sich bereits ein Bekannter befindet.

Neulinge, die gleich das Heft in die Hand nehmen, werden nur in seltenen Fällen von der Gruppe akzeptiert. Ausnahmen sind Menschen mit hohem Status wie VIPs, extrovertierte und dominante Men-

schen, die gedankenlos versuchen, sogleich die Zügel an sich zu reißen, und Kinder, denen man die Unkenntnis der Umgangsformen nachsieht. Für alle anderen gilt das ungeschriebene Gesetz, eine Zeitlang auf nonverbalem Weg bekunden zu müssen, daß man keine Gefahr verkörpert. Man verhält sich zunächst still, verfolgt den jeweiligen Sprecher und stimmt sich allmählich so auf alle anderen ein, daß man die gleichen Reaktionen wie sie zeigt.

Die »Probezeit« läßt sich verkürzen, indem man diese Signale gerade so weit verstärkt, daß sie eher bemerkt werden, wodurch Sie im Unterbewußtsein der Gruppenmitglieder frühzeitiger als »koscher« eingestuft werden. Wenn Sie also schließlich »Redezeit« eingeräumt bekommen, orientieren Sie sich an diesen Ratschlägen.

Olivers (links) Führungsrolle zeigt sich anhand der Zugewandtheit fast aller übrigen Anwesenden. Laura, die hinter Oliver steht, wirkt als »Hosteß«. Kennzeichnend für diese Rolle sind zahlreiche Blickkontakte zu den anderen Gruppenmitgliedern sowie ein besonderes Maß an Zugewandtheit. Kurt (ganz rechts) ist mit seinem abgekehrten Blick und versteinert wirkenden Haltung das personifizierte »Mauerblümchen«. Das genaue Gegenteil verkörpert die neben ihm sitzende Johanna, gewissermaßen der Spaßvogel der Gruppe, die mit ihrer überzogenen Körpersprache versucht, im Mittelpunkt zu stehen.

AKZEPTIERT WERDEN In einem festgefügten Freundeskreis werden Sie es schwerer haben als in einem lockeren Zusammenschluß von Bekannten. Es besteht dort eine größere Unsicherheit, wenn

nicht Feindseligkeit gegenüber Außenstehenden. Auch wenn Sie als jemandes Partner eingeführt werden, bleiben mehr oder weniger berechtigte Vorbehalte bestehen. Wird der Neuling die anderen an Attraktivität oder Intelligenz übertreffen oder die Gruppendynamik stören?

Wie in jeder Beziehung schafft Reden auch hier Abhilfe. Einige längere Einzelgespräche wirken verbindend, da sie mit einem Austausch von Erfahrungen und Gefühlen einhergehen. Erwarten Sie jedoch für die erste Zeit nicht die Möglichkeit, sich in der Gruppe äußern zu können. Neue Mitglieder werden von festen Cliquen bis zur Erlangung endgültiger Gewißheit quasi mundtot gemacht, indem ihnen keine Übernahmesignale angeboten werden. Der Versuch, dem zu begegnen, indem man ande-

Das Eintreffen von Karin bewirkt eine veränderte Gruppendynamik. Ihre verführerische Beinstellung signalisiert Oliver ihr Interesse. Mit ihrem abblockenden linken Arm aber bedeutet sie Alf, daß sie ihn kaum wahrnimmt. Mit ihrer abgewandten Haltung bekundet Laura, daß sie sich ausgestoßen fühlt, wenngleich sie Sympathien zu Oliver zu hegen scheint. Johanna hat sich Kurt zugewandt, der darauf mit entspanntem Lächeln reagiert. Daß er sich noch nicht ganz wohl in seiner Haut fühlt, geht aus der schützenden Haltung seiner Hände und seiner Unfähigkeit, dem Blick von Johanna zu begegnen, hervor.

ren über den Mund fährt, kann zu einer beängstigenden Abschottung führen.

Setzen Sie statt dessen auf Ihre Körpersprache. Sorgen Sie jedoch stets dafür, daß Ihr Verhalten niemals eine Bedrohung einzelner Mitglieder oder eine Gefährdung der Gruppendynamik verkörpert. Versuchen Sie, sich nicht plötzlich in einer Führungsposition wiederzufinden; dies gilt etwa für informelle Warteschlangen an einem Buffet. Lassen Sie lieber anderen den Vortritt. Seien Sie sich ungeschriebener, in der Gruppe gültiger »Territorialgesetze« bewußt. Bevor Sie sich beispielsweise irgendwo hinsetzen, sollten Sie sichergehen, ob Sie nicht jemandes Stammplatz in Beschlag nehmen. Achten Sie auf besondere Gepflogenheiten wie etwa das routinemäßige Verfolgen einer speziellen Fernsehsendung; hüten Sie sich davor, einen anderen Sender zu fordern. Bieten Sie Ihre Mithilfe bei niedrig bewerteten Tätigkeiten (z.B. Abwasch) an, anstatt die Übertragung hochrangiger Funktionen (z.B. Gastgeberstatus) zu erwarten.

Die ersten Anzeichen für Akzeptanz: Die Gruppe schenkt Ihnen mehr Aufmerksamkeit und freundliche Blicke. Den Erfolg Ihrer sich anschließenden Äußerungen können Sie anhand des entstehenden Schweigens ermessen. Ist es nur höflich (eher abgewandte, unaufmerksame Blicke und leichte Unruhe), oder ist es entspannt (abgewinkelte Kopfstellung der Zuhörer, Kopfnicken)?

Nach einiger Zeit dürfen Sie erwarten, nicht nur Ihr eigenes räumliches Territorium etwa im Rahmen der Tischordnung zu erhalten, sondern auch ein bildhaftes Territorium, vielleicht in Form eines Themas oder einer Tätigkeit, bei der Sie als Kapazität gelten. Die Körpersprache innerhalb des Freundeskreise wird letztlich in ein Mitfühlen münden, das dem einer freundschaftlichen Zweierbeziehung ähnelt: ungezwungene, unbewußte Abstimmung sowie die wechselseitige Fähigkeit, allein anhand der Körpersprache den nächsten Schritt vorherzusagen.

ENDE EINER FREUNDSCHAFT Viele Freundschaften verblassen mit der Zeit, egal ob es Gruppen- oder Einzelbeziehungen sind. Zwar kommt es auch

Eine Freundschaft geht zu Ende: Fehlende Abstimmung, Abwehrgesten und Vermeidung von Blickkontakt.

vor, daß durch scharfe Auseinandersetzungen unüberwindliche Gräben aufgerissen werden, meist jedoch gehen die gemeinsamen Interessen in einem allmählichen Prozeß verloren. Man weiß sehr genau, was man nun von seinen Freunden hält. Doch wie kann man angesichts der gesellschaftlichen Gepflogenheit, solche Dinge nicht direkt anzusprechen, wissen, wie die Gefühlslage der anderen aussieht? Dies läßt sich am einfachsten herausfinden, indem man alle nicht-sprachlichen Signale darauf überprüft, ob sie weiterhin Freundschaft bekunden. Wenn Sie gegenüber einem Freund eine knappe Annäherungsbewegung vollziehen, wird er dies erwidern oder – bei fehlender Bereitschaft – auch zurückfahren. Ein guter Freund wird sich auf Sie abstimmen, ein schlechter Freund indessen nicht, so daß Sie einander anrempeln, aus dem Tritt geraten oder sich bei Handreichungen zu Tisch gegenseitig behindern. Achten Sie auch darauf, ob Ihre Körpersprache weiterhin Gleichrangigkeit signalisiert. Wechseln Sie sich im Gespräch ab, oder ergeben sich einseitige Monologe? Finden sich bei dem einen noch Gefühlsregungen?

Abebbende Freundschaft ist oftmals mit negativen Gefühlen gepaart. Nervöses Herumfuchteln mit Händen oder Füßen oder das Vollziehen sogenannter Fluchtbewegungen sollte Sie nachdenklich machen. Wenn Sie auf Ihre Bitte um Unterstützung eine in schrillem Ton vorgetragene Antwort ernten, oder auf Ihre mißliche Lage mit einem unverhohlenen Lächeln reagiert wird, ist ein Ende nicht weit.

Derartige Probleme lassen sich am besten durch ein ausführliches, freimütiges Gespräch lösen. Was aber, wenn Sie sich für eine Aussprache zu nervös fühlen, wenn Sie sich geirrt und den Freund verletzt haben oder wenn Sie recht haben, der andere aber feindselig eingestellt ist? Beobachten Sie in einem solchen Fall, was geschieht, wenn Sie sich – nonverbal – noch rascher als der andere aus der Freundschaft zurückziehen. Seien Sie bei der nächsten Begegnung derjenige, der den Blickkontakt verliert, unabgestimmt ist, seine Gefühle nicht zum Ausdruck bringt oder weit abseits Platz nimmt. Lassen Sie Ihre natürliche Zwiespäl-

Die unterschiedlichen Bewußtseinszustände sind durch eine charakteristische Haltung und Mimik gekennzeichnet. Sarah befindet sich in der »Hochzeit«: Aufmerksamkeit und Konzentration gelten der Außenwelt. Ihre lebhafte Mimik signalisiert, daß sie aufmerksam zuhört.

Sarah befindet sich in der »erweiterten Tiefzeit«: Ihre Gedanken und Gefühle sind dem bewußten Hier und Jetzt entglitten. Sarahs Insichgekehrtheit signalisiert dem Betrachter, daß sie sich ganz in einer eigenen Welt aufhält.

tigkeit erkennen, indem Sie Ihre Unsicherheit bezüglich der Freundschaft durch Körpersprache zum Ausdruck bringen.

Dies kann zwei unterschiedliche Wirkungen zeitigen: Entweder wird Ihr Freund aufatmen, da er denkt, auch Sie hätten das Interesse verloren und würden ihn nie wieder ansprechen. Oder er wird sich Sorgen machen und fragen, was passiert sei. In jedem Fall sind Sie nun einer Entscheidung über die Beendigung oder die Erneuerung der Freundschaft nähergekommen.

Allein sein

Bislang haben wir uns allein der Körpersprache im Umgang mit anderen zugewandt. Gelegentlich aber möchte man auch für sich allein sein.

Obwohl wir einen Großteil des Tages mit Schauen, Hören, Sprechen und verschiedenen Handlungen verbringen, müssen wir uns alle paar Sekunden »ausklinken«, um unserem Gehirn Zeit zu geben, die Geschehnisse zu verarbeiten oder unsere nächste Reaktion vorzubereiten. Diese Phase wird in der Psychologie als »Tiefzeit« bezeichnet (im Gegensatz zur »Hochzeit«, in der wir mit der Außenwelt kommunizieren). Äußere Merkmale der Tiefzeit sind Schrägstellung des Kopfes, Anheben der Schultern, für den Bruchteil einer Sekunde ein Blick nach links oder rechts, unkontrolliertes Lippenspiel und verhaltenes Atmen.

Sie hatten sicherlich schon oft Gelegenheit, Menschen in der Tiefzeit zu beobachten, dürften aber bislang nicht gewußt haben, was das Gesehene eigentlich bedeutet. Wenn Sie bemerken, daß sich jemand in der Tiefzeit befindet, gibt Ihnen das Gelegenheit, angemessen zu reagieren, mit dessen Gedanken Schritt zu halten und Konflikte zu vermeiden, etwa wenn jemand in seiner Tiefzeit versucht, sich an etwas zu erinnern, und Sie in Ihrer Hochzeit eine entsprechende Reaktion erwarten.

Wenn Sie also mit jemandem reden und Ihr Gesprächspartner kurzzeitig wegschaut, dann schließen Sie nicht auf mangelndes Interesse; versuchen Sie auch nicht, einfach fortzufahren. Da Ihr Gegenüber kurzzeitig von der Außenwelt abge-

Carlas nicht-sprachlichen Abwehrsignale (hochgezogene Schultern, gesenkter Kopf) werden von Uwe vollkommen ignoriert. Uwe ist nicht nur in Carlas persönlichen Raum eingedrungen (Abstand weniger als ein Meter), sondern bläst ihr seinen Atem buchstäblich in den Nacken.

schottet ist, kommen Sie erheblich weiter, wenn Sie den Redefluß verlangsamen und Denkpausen einlegen. Falls jemand in die Tiefzeit abgleitet, während er gerade spricht, wird er für sich eine entsprechende Denkpause benötigen. Unterbrechen Sie ihn nicht durch Stellen einer Frage – und verwechseln Sie nicht Tiefzeit- mit Übergabe-Signalen (siehe Seite 20). Warten Sie statt dessen, bis sich der Kopf erneut aufrichtet und der Blickkontakt wiederhergestellt ist. Nun sind Sie an der Reihe.

KALTE SCHULTER Neben der momentanen benötigen wir auch die erweiterte, »solitäre« Tiefzeit, etwa wenn wir uns konzentrieren, wir geistig überdreht sind, unter Anspannung stehen oder uns vom Streß des Tages erholen wollen. Dieses Bedürfnis nach Alleinsein darf nicht mit Introvertiertheit verwechselt werden; diese verkörpert eine grundsätzliche, tief verwurzelte Reizempfindlichkeit. Es sind besondere Situationen, in denen wir händeringend nach Rückzugsmöglichkeiten suchen, da wir – ähnlich einem stark beanspruchten Computer – Zeit für

die Verarbeitung und Erholung von äußeren Reizen benötigen.

Sie wissen vermutlich, wann Sie Zeit für sich benötigen, denn der Körper verfügt über deutliche Signale, die Ihnen und Ihren Mitmenschen dieses Bedürfnis mitteilen. Sie fühlen sich wie benebelt

Eine wirksamere Form der Annäherung: Uwe lehnt den Oberkörper zurück, um weniger bedrohlich zu erscheinen, steckt die Hände in die Hosentaschen (Gefahrlosigkeit) und kündigt sein Kommen vermutlich auch verbal an, so daß Carla frühzeitig darauf eingestellt ist. Dank des ausreichend großen Abstands wird sich Carla nicht bedrängt fühlen.

und von der Außenwelt nicht angeregt. Sie ziehen sich zurück und vermeiden jeden Blickkontakt, senken womöglich den Kopf und ziehen die Schultern hoch, so als wollten Sie sich von äußeren Reizen abschotten. Akustisches Wahrnehmungsvermögen und Berührungsempfinden gehen zurück, Ihr ganzer Körper reduziert seine Aufnahmebereitschaft, da er einfach zu sehr mit sich selbst beschäftigt ist.

Wenn Sie nicht genügend Zeit für sich haben, verstärken sich die inneren Signale: Sie fühlen sich nervös, angespannt und gereizt. Dies ist ein Hilferuf Ihres Körpers, vergleichbar mit einem Hunger- oder Durstgefühl. Machen Sie Ihre Rückzugsabsichten mit Hilfe der Körpersprache deutlich: Senken Sie den Kopf, oder verwenden Sie die Hände als »Scheuklappen« oder »Kopfhörer«. Schließen Sie wenn möglich die Augen, denn dies ist das stärkste nonverbale Signal für »Bitte nicht stören«.

Errichten Sie auch räumliche Barrieren. Arme, Bücher, Papierstapel, ein Stuhl oder eine geschlossene Tür (der auffälligste »Puffer«) können als Schutzwall dienen. Markieren Sie Ihre unmittelbare Umgebung mit persönlichen Gegenständen (»Zutritt unerwünscht!«). Fahren Sie die Ellbogen aus, und vermitteln Sie mit dem ganzen Körper Ihr Bedürfnis nach Freiraum.

Überdies können Sie auf die natürlichen Signale der »Feindseligkeit« zurückgreifen, die Sie instinktiv verwenden, um gegenüber hartnäckig um Kontaktaufnahme bemühten Mitmenschen aggressiver zu erscheinen. Hierzu gehören Stirnrunzeln, Anspannen der Mundregion oder Anheben der Schultern – die klassische »Kalte Schulter«. Das wahllose Aussenden derartiger Signale empfiehlt sich jedoch nicht, sonst kann es passieren, daß Sie aus der harterkämpften Tiefzeit herauskommen und keine Freunde mehr haben! Wenn Sie jedoch tatsächlich eine Zeitlang in Ruhe gelassen werden wollen, erreichen Sie dies mit den natürlichen Schutzreaktionen Ihres Körpers.

STÖR' ICH? Wie sieht die Sache aber aus, wenn das Vermeidungsverhalten Ihnen gilt? Erkennen Sie zunächst an, daß es nicht persönlich gemeint ist, sondern einen echten Hilferuf darstellt. Am besten halten Sie sich fern, da dies langfristig die Wahrung eines guten Verhältnisses garantiert. Wenn Ihr Freund also auf der Rückfahrt von einem anstrengenden Konzert auf dem Beifahrersitz in eine erweiterte Tiefzeit eintritt oder Ihr Partner abends eine halbe Stunde des Alleinseins vor dem Fernseher braucht, nehmen Sie dies gelassen hin.

Falls Sie aus irgendwelchen Gründen mit jemandem, der Zeit für sich benötigt, unbedingt Kontakt aufnehmen müssen, führt der Einsatz eines »Alarmsignals« zu besseren Reaktionen. Wenn Sie sich z.B. aus größerer Entfernung nähern, so verweilen Sie in einem Abstand von zwei bis vier Metern (innerhalb der sozialen Distanzzone), bevor Sie in die intimere »persönliche« Distanzzone eindringen. Wenn Sie in einen Raum eintreten, klopfen Sie vorher an, und räuspern Sie sich, anstatt mit der Tür ins Haus zu fallen.

Nachdem Sie die Aufmerksamkeit einer solchen Person gewonnen haben, versuchen Sie, möglichst wenige jener Signale zu verwenden, mit denen Sie in anderen Situationen Bezug herstellen, denn die bei dem anderen ohnehin bestehende Reizüberflutung würde zu einer Panikreaktion führen, wenn Sie dicht an ihn herantreten, sich ihm entgegenlehnen und Blickkontakt fordern. Halten Sie sich statt dessen auf Distanz, setzen Sie sich nicht (»Ich geh' gleich wieder«), und widerstehen Sie der Versuchung, den errichteten Schutzwall zu überwinden. Sprechen Sie langsam und mit sanfter, leiser Stimme, um die Aufnahmefähigkeit des anderen nicht zu überlasten.

Seien Sie versichert, daß der menschliche Körper nie mehr Zeit für sich nimmt, als er braucht. Wenn Sie ihre Bedürfnisse respektieren, wird die Person, die Sie nonverbal zum Fortgehen aufgefordert hatte, Ihnen mit aller Wahrscheinlichkeit sehr bald signalisieren, daß Sie zurückkommen mögen.

In der Öffentlichkeit

Sobald Sie die Türschwelle hinter sich lassen und in den »öffentlichen Raum« eintreten, werden Sie Veränderungen im Verhalten Ihrer Mitmenschen bemerken. Die Körpersprache in der Öffentlichkeit unterscheidet sich von der privaten Körpersprache, weil man die Betreffenden nicht kennt. Dies hat zur Folge, daß Ihre nonverbale Kommunikation in Gegenwart all dieser Fremden sehr defensiv ausgerichtet ist.

Es ist denkbar, daß Sie in der Öffentlichkeit eine Abwandlung der »Kalten Schulter« verwenden und sich so verhalten, als gebe es die anderen gar nicht. In einer überfüllten Straßenbahn etwa werden Sie ins Leere starren und angestrengt über jemanden »hinwegsehen«. Oder Sie versenken den Kopf zwischen den Schultern, um sich gegenüber einem Gespräch, das ein Paar neben Ihnen führt, taubzustellen und gleichsam zu erstarren, so als sei Ihnen gänzlich unbewußt, daß die neben Ihnen stehende Person ihren linken Arm gegen Ihr rechtes Ohr gequetscht hat.

VERKEHRSKONTROLLE Da wir unsere Mitmenschen nicht in jeder Situation ignorieren können, haben wir ein ganzes Sortiment von nonverbalen Signalen entwickelt, um mit Situationen zurechtzukommen, in denen wir zwangsläufig einbezogen werden. Eine der Grundsituationen ist die Fortbewegung auf belebten Plätzen. Man geht nebeneinander her, überholt, wird überholt und läuft einander entgegen. Die schlechteste Strategie wäre es, den Gang eines Spazierenden anzunehmen; da dies signalisiert, daß man irgendwann einmal anhalten wird, entstehen Ungeduld und Frustration. Statt dessen empfiehlt sich ein flotter, entschlossener Gang. Spielraum erhalten Sie, indem Sie durch Aufrichten der Schultern und Ausfahren der Ellbogen an Statur gewinnen. Stellen Sie Ihren Blick auf eine mittlere Entfernung ein. Jemand, der Ihnen entgegenkommt, wird Ihnen nun instinktiv aus dem Weg gehen, da er annimmt, daß Sie ihn nicht sehen.

Sollten Sie jedoch in einem Fußgängerstau steckenbleiben, so ändern Sie Ihre Taktik schlagartig, indem Sie sich möglichst klein und dünn machen und sich am besten ohne Körperkontakt vorsichtig an anderen vorbeischlängeln. Interessanterweise wenden Männer sich in derartigen

Verkehrskontrolle. Die Frau ist nervös, was aus ihrer Haltung und den schutzsuchenden Händen hervorgeht.

Situationen eher dem Betreffenden zu, so als wollten sie einer möglichen Attacke begegnen, während Frauen sich mit Brüste und Genitalien schützenden Armen abwenden. Denken Sie auch daran, daß wir Menschen die natürliche Neigung haben, eine beabsichtigte Richtungsänderung anzukündigen, indem wir mit dem Körper oder durch Anheben einer Schulter oder eines Arms in die neue Richtung weisen. Solche Signale werden – oft unbewußt – von den hinter Ihnen Gehenden registriert, die Ihnen für Ihr »Manöver« Platz einräumen werden.

WERDEN SIE SCHON BEDIENT? Eine andere weitverbreitete Form des Verhaltens in der Öffentlichkeit betrifft den Umgang etwa mit Verkäuferinnen, Kellnern und Friseuren. Der erste Schritt zum Erfolg ist dabei entschlossenes Auftreten. Oft nämlich konkurrieren Sie noch mit anderen Kunden um Aufmerksamkeit, und ebensooft ist der betreffende Angestellte in Gedanken mit ganz anderen Dingen

beschäftigt. Wenn Sie suchend am Straßenrand stehen und ein Taxi erblicken, so winken Sie es mit einer entschlossenen, auffälligen Armbewegung heran. Beim Betreten eines Restaurants ist selbstsicheres Auftreten angebracht. Halten Sie nach einer Bestätigung Ausschau, vielleicht einem Lächeln oder Kopfnicken, damit Sie wissen, daß man Sie bemerkt hat und entsprechend reagieren wird – auch wenn der Taxifahrer vorher wenden muß oder der Kellner noch an einem anderen Tisch zu tun hat. Falls die Bestätigung ausbleibt, verstärken Sie Ihre Signale, anstatt einfach abzuwarten. Versuchen Sie es mit Winken oder einem Stellungswechsel, um in den Gesichtskreis des Betreffenden einzudringen.

Die zweite Phase bei dieser Art der Kontaktaufnahme besteht aus der Herstellung eines wechsel-

Körpersprache bietet zwar keinen völligen Schutz vor Übergriffen, vermag Angreifer jedoch abzuschrecken. Romy wirkt mit ihrer verängstigten, eingefallenen »Opferhaltung« wie eine leichte Beute.

legenheit haben, eine wirkliche Beziehung aufzubauen. Anstatt also an der Bar nur zu sagen, welchen Drink Sie wünschen, unterstreichen Sie Ihre Wahl besser durch einen Fingerzeig. Wenn Sie eine Frage beantworten, begleiten Sie Ihr Ja oder Nein mit einer entsprechenden Kopfbewegung.

Achten Sie besonders darauf zu zeigen, daß ein bestimmter Vorgang abgeschlossen ist oder nicht. Wenn Sie dem Kellner in einem Restaurant z.B. signalisieren wollen, daß Sie eine Bestellung aufgeben wollen, lassen Sie nicht die Speisekarte aufgeklappt.

Bemühen Sie sich, dem Personal positiv in Erinnerung zu bleiben, um beim nächsten Mal gut bedient zu werden. Am besten verabschiedet man sich mit einem Lächeln und direktem Blickkontakt, um zu signalisieren, daß man – im Gegensatz zu vielen anderen Kunden – die Person nicht geringschätzt. Seien Sie sich jedoch auch der Grundeinstellung der Vorgesetzten bewußt. Wenn Sie den Mitarbeiter durch Ihre Körpersprache zu sehr vereinnahmen, kann dies für ihn einen späteren Rüffel bedeuten; und auch die freundlichste Kellnerin kann kratzbürstig werden, wenn unter den Augen ihres Chefs noch andere Gäste auf sie warten, Sie aber ihre Aufmerksamkeit zu sehr strapazieren.

seitigen Bezugs. Der Angestellte ist ebenso wie Sie bemüht, mittels Körpersprache einen Kontakt herzustellen. Sie dürfen allerdings nicht die gleiche »Intimität« erwarten, wie Sie sie von Freunden kennen, zumal das Personal oft dahingehend geschult ist, sich nicht zu sehr auf Kommunikation einzulassen.

Verwenden Sie stets deutliche nicht-sprachliche Signale. Es kommt darauf an, daß Sie Ihre Bedürfnisse unmißverständlich zum Ausdruck bringen, da es in öffentlichen Räumen oft geräuschvoll zugeht und Worte mißverstanden werden können. Außerdem werden Sie als »Durchreisender« nicht die Ge-

WER HAT HIER DAS SAGEN? Eines der vielleicht schwierigsten Beispiele für die Kommunikation im öffentlichen Raum ist der Umgang mit Amtsträgern wie Politessen, Polizisten oder Fahrkartenkontrolleuren. Ihre Körpersprache ist darauf ausgerichtet, Überlegenheit zu signalisieren. Zu ihren Uniformen gehören nicht selten »größenverstärkende« Helme, Schirmmützen oder Hüte, und in der Ausbildung erlernen sie ihren bohrenden Blick.

Unabhängig davon, ob Sie sich etwas zuschulden haben kommen lassen, wird Ihre Körperspra-

Ein möglicher Angreifer wäre in diesem Fall weit stärker abgeschreckt. Romys aufrechter Gang und ihr entschlossener Gesichtsausdruck lassen vermuten, daß sie gegen alle Eventualitäten gewappnet ist – auch wenn sich mancher Dieb nicht davon abschrecken lassen dürfte, daß Sie die Handtasche nur scheinbar im Griff hat.

che entsprechend reagieren. Beobachten Sie bei nächster Gelegenheit einmal, wie respektable und »unschuldige« Fahrgäste auf das Auftauchen eines Fahrkartenkontrolleurs reagieren: Die Köpfe senken sich zur Abwehrhaltung, eine allgemeine, nervöse Suche nach den Fahrkarten setzt ein, ebenso wie hier und da »Fluchtbewegungen« der Hände oder Füße. Wie geht man am besten mit solchen Situationen um? Angebracht sind hier weder eine »dominante«, gegen die Autorität gestellte, noch eine »unterwürfige« Körpersprache. Ihre Körpersprache sollte statt dessen ein unverkrampftes Selbstbewußtsein mit einem Hauch Respekt signalisieren. Frauen sind bei derartigen Begegnungen naturgemäß im Vorteil, da sich die meisten Amtsträger durch Frauen weniger stark bedroht fühlen als durch Männer. Falls Ihr Wagen also von der Polizei zum Straßenrand gewunken wird, signalisieren Sie dem Beamten, daß von Ihnen keine Bedrohung ausgeht. Sollten Sie zum Aussteigen aufgefordert werden, so bauen Sie sich nicht in voller Größe vor dem Beamten auf, sondern halten Schultern und Kopf leicht gesenkt. Unterbrechen Sie den Blickkontakt rechtzeitig, da ein bohrender, herausfordernder Blick – gepaart mit anderen Dominanzsignalen – Bedrohung verkörpert. Gehen Sie auch nicht unvermittelt dazu über, einen intensiveren Bezug herstellen zu wollen; dies würde aufgesetzt wirken. Entscheiden Sie sich hier statt dessen für den Mittelweg.

Achten Sie auf den Augenblick, wenn der Beamte Sie im Geiste »abgefertigt« hat. Im Umgang mit Amtsträgern gibt es nämlich einen Zeitpunkt, in dem Dominanz durch eine kaum merkliche Entspanntheit ersetzt wird. Sobald Sie nämlich für einen Beamten keine Bedrohung mehr darstellen, können Sie auf dessen weniger stark kontrollierte Gesten und Mimik freundlicher reagieren. Sie sollten Ihre Reaktion indessen nicht überziehen, denn dies kann wiederum ein Gefühl der Bedrohtheit verursachen. Beim »Rückfall« in eine autoritäre Körpersprache sollten Sie daher unverzüglich wieder zu Ihrem früheren »Bestätigungsverhalten« übergehen.

MITTENDRIN Ein Höchstmaß von Anspannung stellt sich inmitten einer größeren Menschenmenge ein; hier ist man auf einer emotionalen oder körperlichen Ebene einbezogen. Da Ihre Körpersprache von innen wie von außen beeinflußt wird, sind sehr verschiedenartige Reaktionen vorstellbar.

Wenn Sie Spaß daran haben, mit vielen Menschen zusammenzusein, fühlen Sie sich durchweg wohl und dürften eher zu den extrovertiert veranlagten Menschen gehören. Auf einem Livekonzert oder einer Sportveranstaltung dabeizusein, versetzt Sie in einen wohligen Taumel. Dies nicht allein deshalb, weil all Ihre Sinne durch die zusätzlichen Reize angeregt werden, sondern auch, weil der Aufenthalt in einer größeren Menschenmenge ein tiefes Gefühl der Verbundenheit erzeugt. Teil eines Publikums zu sein, das gleiche Reaktionen zeigt, oder in einer Versammlung dabeizusein, in der sich alle engagiert für die gleichen Ziele einsetzen, kann eine besondere Befriedigung vermitteln.

Wenn Sie der Aufenthalt in einer größeren Menschenmenge nicht anregt, sondern eher überfordert, wird Sie ein unangenehmes Gefühl beschleichen. Unwohlsein, Unsicherheit, Wut und Aggressivität stellen sich ein. Unkoordinierte Bewegungen, geänderte Hautfärbung und schweres Atmen können die Signale Ihres Körpers sein, mit denen er ein Gefühl der Bedrohtheit kundtut.

Die andere Möglichkeit sieht so aus, daß Sie sich dem vorherrschen Rhythmus anschließen, sich tragen lassen und sich der Körpersprache Ihrer Umgebung stark anpassen. Sollten Sie eines der erwähnten negativen Symptome bei sich feststellen, dann reagieren Sie unverzüglich: Entziehen Sie sich dem Geschehen, sei es auch nur vorübergehend, indem Sie einen möglichst ruhigen Ort aufsuchen. Oder versuchen Sie zumindest innezuhalten und eine Weile Ihre Augen und Ohren abzuschotten.

Das Straßenfest verläuft fröhlich und unbedrohlich. Jeder hat ausreichende Bewegungsfreiheit, es herrscht allgemeine Entspanntheit. Die ausgestreckten Arme zeugen von Begeisterung und sind keine Angriffsgesten; es besteht vielfältiger Blickkontakt.

3

Ob Sie nun frisch verliebt oder nur um den Erhalt einer bestehenden Beziehung bemüht sind: Worte sind oft völlig ohne Belang, denn Taten zählen mehr als Worte.

Zu zweit

Die Körpersprache in der Intimbeziehung

In diesem Kapitel wollen wir uns den unterschwelligen Wegen zuwenden, auf denen Ihre körpersprachlichen Botschaften zum Entstehen oder zum Bruch von Freundschaften führen können. Es handelt von jenen körpersprachlichen Signalen, die zwei Partner überhaupt zusammenbringen können: vom Werben um den anderen, der Paarbildung und vom Ausbau der Beziehung auf sexueller Ebene. Außerdem werden die körpersprachlichen Signale der Gefühlswelt sowie das Erkennen und Lösen von Problemen mit Hilfe der Körpersprache erläutert. Den Abschluß bildet ein Blick auf die nonverbalen Signale der Liebe.

Liebe auf den ersten Blick

Wie muß man aussehen, um Liebe zu finden? Entgegen allen Erwartungen ist die körperliche Attraktivität nicht ausschlaggebend. Zwar wird attraktiven Männern oder Frauen von den Medien wie auch im wirklichen Leben eher Aufmerksamkeit geschenkt, da ein extrem gutes Aussehen etwas Ungewöhnliches ist und ein Statussymbol verkörpert.

Untersuchungen haben jedoch gezeigt, daß sich die meisten Menschen gegenüber einer Person, die sie bedeutend an Attraktivität übertrifft, zurückhaltend geben und eher nach einer langfristigen Beziehung zu einem Menschen von gleicher Attraktivität streben. Was macht nun also die Anziehungskraft aus? Entgegen dem Vorwurf, Männer seien mehr

am Körper einer Frau interessiert als an ihren anderen Qualitäten, zeigen Untersuchungen, daß beide Geschlechter anfänglich durch das Gesicht des Partners angezogen werden. Durchaus zu Recht, denn das Gesicht bringt Aufschluß über die Grundpersönlichkeit wie auch über flüchtige Stimmungen. Die Attraktivität liegt in der Normalität, denn Studien haben gezeigt, daß ein Gesicht als um so attraktiver gilt, je mehr es sich der mathematischen Norm der jeweiligen Gesellschaft annähert.

Darüber hinaus gibt es Anzeichen dafür, daß von Frauen ein »erwachseneres« Männergesicht, von Männern indessen ein jünger und »kindlicher« wirkendes Frauengesicht bevorzugt wird. Ob uns dieser Zusammenhang über die Rolle des Mannes und der Frau nun gefällt oder nicht: Ein Mann mit markantem Kiefer, Kinn und Nase, der Reife, Durchsetzungskraft und Schutz signalisiert, wird dem anderen Geschlecht attraktiver erscheinen. Eine Frau mit »infantilen«, babyhaften Signalen wie kleiner Nase, runden Wangen und winzigem Kinn (»Kindchenschema«) löst speziell bei Männern einen Beschützerinstinkt aus; dies mag der Grund dafür sein, daß eine reduzierte Kinnpartie und verkleinerte Nasen nicht selten zum Ziel kosmetischer Eingriffe werden. Da Frauen zunehmend in Führungspositionen aufsteigen, werden »erwachsene« Elemente wie große Nase oder markantes Kinn mehr und mehr als feminin und attraktiv bewertet.

Bei den Augen bewirkt ein fundamentaler menschlicher Reflex, daß Größe und Helligkeit bevorzugt werden. Wenn wir nämlich an etwas oder an jemandem interessiert sind, weiten sich unsere Pupillen. Dies signalisiert dem Betrachteten, daß wir ihn attraktiv finden. Er fühlt sich geschmeichelt und erscheint im Gegenzug auch uns attraktiv.

Auch die Hautfarbe ist ein Einflußfaktor. Viele Menschen fühlen sich von Menschen anderer Hautfarbe angesprochen, obwohl dauerhafte Beziehungen meist mit Partnern eines ähnlichen ethnischen Hintergrunds eingegangen werden. Über die Haarfarbe eines Menschen kennt man viele Klischees. Am verbreitetsten ist die Meinung, daß blonde Menschen fröhlicher sind als andere. Auch wenn Untersuchungen gezeigt haben, daß blonde Frauen (vor allem »Wasserstoffblondinen«) zumindest in der westlichen Welt von Männern für extrovertierter und anregender gehalten werden (wenn auch für weniger intelligent und zuverlässig), so bestehen noch viele Vorurteile: so, daß Brünette ernst, intelligent und stark sind, Rothaarige dagegen leidenschaftlich und launisch.

Körperliche Attraktivität

Männer wie Frauen wirken intelligenter und stärker, wenn sie eine durchschnittliche Körpergröße haben, also mindestens zwischen 1,6 und 1,7 Meter (Frauen) bzw. zwischen 1,7 und 1,8 Meter (Männer) groß sind. Eine viel größere Frau kann einschüchternd wirken, denn auch heute noch haben es viele Männer gern, wenn ihre Statur durch Größenkontrast betont wird. Kleiner zu sein als 1,6 Meter kann für eine Frau in Liebesdingen von Vorteil sein, da sich nicht wenige Männer zu Frauen hingezogen fühlen, die klein und verletzlich wirken.

Ein überdurchschnittlich großer Mann wird nicht auf die gleichen Probleme stoßen wie eine hochgewachsene Frau, sondern in der Liebe wie im Beruf eher Erfolg haben, da er Selbstsicherheit und Stärke ausstrahlt. Aufgrund der gegenteiligen Wirkung können sich für einen kleineren Mann entsprechende Nachteile ergeben. Wie man allerdings aus Untersuchungen weiß, können kleine Männer, die im Beruf oder der Liebe erfolgreich sind, weit erfolgreicher sein als ihre normalgewachsenen

Blonde, Rothaarige und Brünette haben angeblich einen je eigenen Charakter, der sich allerdings nur anhand der persönlichen Körpersprache genau ergründen läßt. *Links:* **Mit ihrem Lächeln und ihrer Beinstellung bestätigt Johanna die Theorie, daß blondhaarige Menschen freundlich, locker und umgänglich sind.** *Mitte:* **Karins Pose untermauert die Theorie vom »leidenschaftlichen Rotschopf«, was im Widerspruch zu ihrem unverstellten Blick und Lächeln steht.** *Rechts:* **Lauras Haltung mit verschränkten Armen und Beinen läßt auf einen ruhigen, reservierten Charakter schließen und würde die Vorstellung untermauern, daß brünette Menschen ernster sind.**

Die Einstufung eines fremden Menschen als möglicher Lebenspartner erfolgt meist innerhalb der ersten Sekunden und basiert weitgehend auf dem Erscheinungsbild. Die meisten »Kandidaten« werden jedoch sofort ausgeschlossen, weil sie in puncto Geschlecht, Alter oder Herkunft nicht passen. Als nächstes wird dann die Statur begutachtet, danach die Körpersprache.

Welcher der drei Männer würde einen passenden Partner für Sie abgeben? Als Frau sollten Sie die Kriterien wie Alter, Größe, Farbe, Haltung und Ausdruck für Ihre Wahl anlegen. Als Mann beziehen Sie sich bitte auf das Foto auf Seite 58; es zeigt drei Frauen. Nachdem dieser Aussonderungsprozeß einmal vollzogen ist, scheint die Entscheidung so gut wie unumstößlich.

Geschlechtsgenossen, da sie eine stärkere Persönlichkeit und erhöhte soziale Kompetenz entwickeln, um ihr weniger eindrucksvolles Erscheinungsbild auszugleichen.

In puncto Gestalt achten vor allem jüngere Männer speziell auf die Figur und weniger auf das Gesicht. Beine, Po und Brüste sind mit Sicherheit die am stärksten beachteten Regionen, da diese Körperteile die geschlechtsspezifischen Unterscheidungsmerkmale, mithin die Weiblichkeit, am stärksten betonen. Frauen indessen achten nicht so sehr auf die offensichtlichen Geschlechtsmerkmale der Männer, sondern mehr auf Gesicht, Augen und Körpersprache, weniger auch auf breite Schultern und behaarte Brust. Die Größe des Penis spielt allenfalls im Bett eine Rolle.

Schlankheit ist nicht einmal annähernd so entscheidend für Attraktivität, wie dies die Medien zu vermitteln suchen. Frauen sehen in einem wohlgenährten Mann einen guten Beschützer und fühlen sich von ihm emotional oder materiell besonders gut versorgt. In einer kürzlich durchgeführten Umfrage gaben nur 31 Prozent der Männer an, sie würden eine schlanke Partnerin bevorzugen; speziell ältere Männer finden solche Frauen attraktiv, die einiges Gewicht auf die Waage bringen.

Wer jedoch zur ausgemachten Übergöße tendiert, sieht sich mit einem Vorurteil gegen Fettleibigkeit konfrontiert. Entsprechende Diskriminierungen beginnen nachweislich bereits im Kindesalter. Heutzutage gilt offenbar das Vorurteil, daß man nicht auf seine Größe oder Hautfarbe, wohl aber auf sein Gewicht Einfluß habe. Wer nicht schlank ist, gilt als träge und unersättlich.

MODEBEWUSSTSEIN Wenden wir uns von den nur begrenzt beeinflußbaren, ererbten körperlichen Merkmalen den steuerbaren Bereichen – Kleidung und Image – zu. Hier findet sich einer der Hauptunterschiede zwischen beiden Geschlechtern, wenn es darum geht, die Attraktivität eines Partners zu beurteilen. Für Männer nämlich zählt das Erscheinungsbild oftmals nicht annähernd soviel wie für Frauen. Frauen betrachten ihr Stilempfinden als

Wenn Sie als Frau meinen, Kleidung würde Ihre Entscheidung nicht beeinflussen, dann schauen Sie sich dieses zweite Bild an. Fällt Ihre Wahl anders aus, weil die Kleidung (sowie Haltung und Mimik) den einzelnen Kandidaten zu einem neuen Image verhilft?

Statussymbol und Zeichen für Intelligenz und Erfolg. Viele Männer aber sehen Image oder Mode nicht in diesem Licht; sie reagieren allein darauf, wie ein bestimmtes Outfit ihre Sinne anspricht, nicht darauf, was es aussagt. Männer wählen daher häufig Kleidung, die ihnen nicht gerecht wird und loben – sehr zu deren Unverständnis – das modische Erscheinungsbild ihrer Frauen. Was Männer als optisch besonders attraktiven Stoff werten, macht Frauen auf schmerzliche Weise bewußt, daß der Fummel seit Jahren aus der Mode ist.

Wenn Frauen also von der Gesamterscheinung angesprochen werden – egal, ob sie Lockerheit, Raffinement oder Sex-Appeal verkörpert –, welche

Kleidungsmerkmale sind dann für Männer von Interesse? Zunächst einmal die Farben. Manche Männer bevorzugen helle Farben, andere wiederum Pastelltöne, kräftige, dunkle Farbtöne oder Schwarz und Weiß. Auch der Farbkontrast kann eine Rolle spielen. Weitere Kriterien sind: gemustert oder uni, glänzend oder matt, glatt oder rauh, samtig oder seiden sowie Bewegung oder Ruhe, wie sie durch Kleidung, aber auch durch Schmuck vermittelt wird.

Leider sagen diese Unterschiede nicht zwangsläufig etwas darüber aus, welche Art von Mann welche Farben bevorzugt. Extrovertierte hegen zwar eine leichte Vorliebe für hellere Farben und Introvertierte eher für dunkle Töne, doch darüber hinaus konnten keine Entsprechungen zwischen Geschmack und Persönlichkeit nachgewiesen werden.

Derartige Dinge sind allerdings von Nutzen, wenn es gilt, den Geschmack eines bestimmten Mannes zu beobachten. Ein Mann, der gleichsam in Tarnkleidung daherkommt, wird gegenüber einem markanten Schwarz-Weiß-Kontrast zurückschrecken. Und wenn er für kuschelige Strickjacken schwärmt, wird er auch Ihren flauschigen Pullover mögen. Da Paare dahin tendieren, sich in verschiedenster Hinsicht einander anzupassen (siehe Seite 88), werden Sie in einer neuen Partnerschaft rasch eine Kleidung wählen, die den Geschmack Ihres Partners trifft, ohne daß Sie Ihren Stil dabei aufgeben müßten. Bedenken Sie jedoch, daß Ihr Partner sich, je intensiver Ihre Beziehung wird, weniger auf Ihre tatsächliche Kleidung, dafür aber um so stärker auf jene Aspekte Ihres Verhaltens konzentrieren wird, die ihm etwas über Ihre Persönlichkeit, Gedanken und Gefühle mitteilen.

ATTRAKTIVE SIGNALE Die Wirkung des Aussehens reicht jedoch nie an die eher flüchtigen Aspekte der Körpersprache heran. In den ersten Augenblicken wird jeder Mann, der Ihnen begegnet, sich weitaus weniger Ihrer allgemeinen äußeren Erscheinung bewußt sein als Ihres Gesichtsausdrucks und Ihrer Augenbewegungen und Gesten. In den ersten Sekunden der Begegnung mit einem Mann, der Ihnen attraktiv erscheint, werden Sie weitaus weniger auf sein Image achten als auf seine Haltung, Bewegungen und Mimik.

Welche körpersprachlichen Stile bergen eine Anziehungskraft in sich? Sicheres Auftreten wirkt immer. Eine Person mit einem aufrechten, lockeren Gang und einem Lächeln im Gesicht ist schon deshalb attraktiv, weil der Betrachter sich vorstellt, diese positive Haltung gelte ihm selbst, und eine Kontaktaufnahme sei beabsichtigt.

Offenheitssignale zeigen ebenfalls Wirkung, denn die Herstellung eines Sozialkontakts – und mehr noch dessen mögliche sexuellen Folgen – sind stets eine besondere Herausforderung. Je leichter Sie anderen den Zugang machen, desto eher werden sie bereit sein, sich Ihnen zuzuwenden. Hier gelten für beide Geschlechter die gleichen Grundlagen: Zeigen Sie mit Hilfe Ihrer Körpersprache, daß Sie freundschaftlich eingestellt sind. Die Schultern bleiben unten, die Gesten sind offen, und der Gesichtsausdruck vermittelt Wärme. Zwängen Sie sich nicht in eine Ecke, und errichten Sie keinen Schutzwall. Blicken Sie regelmäßig auf, so als bemühten Sie sich um einen Blickkontakt. Kurz gesagt: Vermitteln Sie allen Personen in Ihrer Reichweite das Gefühl, willkommen zu sein, wenn sie auf Sie zugehen würden.

Zusammenkommen

Die Kontaktaufnahme mit einem möglichen Partner verläuft nur scheinbar spontan. Psychologen konnten einen bestimmten Ablauf des Werbens festmachen, der in den meisten Situationen des Kennenlernens so oder ähnlich abläuft.

Der erste Schritt besteht im Präsentieren und wird von Männern wie Frauen in jeder öffentlichen Situation instinktiv vollzogen – in abgeschwächter Form auch dann, wenn sie nicht nach einem Partner Ausschau halten. Sobald Sie sich männlicher Aufmerksamkeit bewußt sind, werden Sie als Frau beginnen, Ihre Weiblichkeit zu demonstrieren, etwa durch aufrechtes Sitzen (um die Brüste zu betonen) oder durch Verschränken der Beine (um Fesseln und Waden optimal ins Licht zu setzen). Sie werden

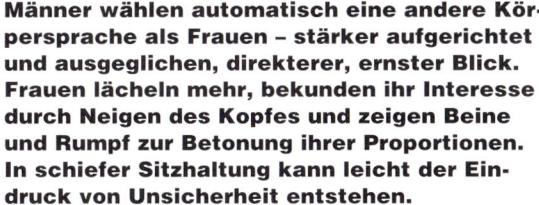

Männer wählen automatisch eine andere Körpersprache als Frauen – stärker aufgerichtet und ausgeglichen, direkterer, ernster Blick. Frauen lächeln mehr, bekunden ihr Interesse durch Neigen des Kopfes und zeigen Beine und Rumpf zur Betonung ihrer Proportionen. In schiefer Sitzhaltung kann leicht der Eindruck von Unsicherheit entstehen.

Die Umkehr der geschlechtskennzeichnenden Signale wirkt befremdlich. Aufgrund ihrer männlichen Haltung könnte man Katrin für eine ernste, vielleicht sogar strenge Frau halten. Mit seiner femininen Körpersprache wirkt Georgs Lächeln überzogen, die ausgestreckten Beine vermitteln ein irgendwie unmännliches Signal.

Ihre Schokoladenseite präsentieren, indem Sie Ihr langes Haar nach hinten werfen oder dem Geschehen Ihre vorteilhaftere Gesichtshälfte zuwenden. Möglicherweise werden Sie auch unbewußt versuchen, Ihr Aussehen zu verbessern, indem Sie sich die Lippen anfeuchten, die Kleidung glätten und Ihren Schmuck zurechtrücken.

Doch Vorsicht. Natürlich und attraktiv wirkt das alles nur, wenn es impulsiv geschieht. Zu Beginn eines möglichen Kontakts können bewußte Präsentationstaktiken zu offensichtlich wirken, vor allem, wenn Sie durch Alkoholgenuß einige Hemmungen abgelegt haben. Falls Sie sich also in Gesellschaft beim gezielten Auftrumpfen ertappen, sollten Sie das Ganze am besten etwas »herunterfahren«.

Am anderen Ende des Raumes wird sich unterdessen ein ähnliches, aber männliches Ritual vollziehen. Wenigstens ein Mann wird sich aufrichten,

die Schultern ausfahren, den Bauch einziehen und sich die Krawatte zurechtrücken. Sobald Sie mit dem Präsentieren begonnen haben, wird Ihnen Mutter Natur zu Hilfe kommen, so daß Sie beide automatisch ein paar unkontrollierbare Veränderungen durchlaufen, um zu einem attraktiveren Aussehen zu gelangen.

FINGERZEIGE Wer nun auf eine bestimmte Person aufmerksam geworden ist, geht zur zweiten Phase des Werbens über, indem er sein Interesse mit Hilfe verschiedener »Fingerzeige« zu bekunden sucht. Ohne daß Sie sich dessen bewußt sind, werden Sie dafür sorgen, daß Ihr Blick und Ihre Gesten in die betreffende Richtung weisen.

Sollte Ihr Interesse unerwidert bleiben, wird Ihr Enthusiasmus und damit auch Ihr entsprechendes nonverbales Verhalten abklingen. Falls Ihr Inter-

esse jedoch erwidert wird, öffnen Sie sich möglicherweise weiter, als Sie dachten. Sobald Sie nämlich einen fremden Blick eingefangen haben, kann es geschehen, daß eine oder beide Seiten sich dieser Zuwendung versichern wollen. Oft tendieren sie dabei zur Übertreibung, um dem anderen eine unzweideutige nonverbale Aufforderung zu geben.

Sie schauen zum anderen, suchen die Erwiderung Ihres Blicks, halten den Blickkontakt für eine Sekunde, wenden den Blick ab und erhalten bei erneutem Hinschauen wieder einen Blickkontakt. Um Ihr Interesse zu bestätigen, können Sie Ihre Gesten auf den anderen ausrichten, etwa indem Sie Ihre Beine in die entsprechende Richtung stellen oder mit Ihren Fingern eine Andeutung machen. Wenn sich auf der anderen Seite Ähnliches vollzieht, können Sie sicher sein, daß die Person an

Trotz der unterschiedlichen Haltungen und Gesichtsausdrücke sind nur zwei Personen nicht um Kontaktaufnahme bemüht. Karin (zweite von rechts) und Alf (zweiter von links) bekunden ihr mangelndes Interesse durch Abwenden des Blicks.

Ihnen interessiert ist. Den Grund für diese Sicherheit erfährt man jedoch nur, wenn man sich mit Körpersprache auskennt. Wenn Ihre Signale entsprechend erwidert werden, können Sie jedenfalls gewiß sein, daß Sie instinktiv richtig gehandelt haben.

Wie leicht es ist, den nächsten Schritt – die Aufnahme eines Sprachkontakts – zu vollziehen, hängt weitgehend von der Situation ab, vom Andrang, von der räumlichen Distanz und der möglichen Bewegungsfreiheit. Wenn Sie sich im

Zu *zweit*

Restaurant an entgegengesetzten Enden gegen-
übersitzen, bedarf es schon einiger Anstrengungen,
um die Kluft zu überwinden; in einem Club hingegen brauchen Sie nur zu warten, bis der andere
tanzt und können es ihm dann nachtun.

SONDIEREN Sobald Sie beide Kontakt aufgenommen haben, werden Sie neue Wertungen vorneh-
men. Worte spielen zwar auch eine Rolle, werden
Ihnen aber in der zur Verfügung stehenden Zeit
nicht viel sagen.

Anfangs werden Sie beide wissen wollen, ob das
aus der Ferne gefällte Urteil der näheren Prüfung
standhält. Ihr spezielles Interesse gilt dabei den
Augen, dem Mund und den Händen, die Sie nahezu
ununterbrochen mit durchschnittlich zwei Augenbewegungen pro Sekunde abtasten.

**Wer interessiert sich für wen? Karin (zweite
von links) blockt weiterhin ab. Laura (ganz
rechts) wirkt höflich, jedoch weit weniger an
Kurt interessiert als er an ihr. Die Haltung
und Mimik von Oliver und Johanna sind ein
deutliches Signal für eine positive Beziehung.**

Auch der Körperrhythmus (siehe Seite 24) wird
sondiert. Unter Freunden sollten diese Rhythmen
weitgehend aufeinander abgestimmt sein. Bei Ver-
liebten ziehen sich oft Gegensätze an. Er fühlt sich
vielleicht zu Ihnen hingezogen, weil Ihre lockere
Haltung auf ihn abfärbt, während Sie ihn mögen,
weil sein Wesen ihnen Anregung gibt. Obwohl eine
unterschwellige Abstimmung z.B. in der Körperhaltung oder im Stimmtimbre vorhanden sein muß,
kann es passieren, daß sich Ihre Körperrhythmen
ergänzen, anstatt identisch zu sein.

Der Geruchssinn spielt ebenfalls eine Rolle. Je näher Sie sich kommen, desto besser werden Sie das persönliche Geruchsprofil des anderen in sich aufnehmen können. Im negativen Fall werden Ihre Rhythmen zunehmend voneinander abweichen, und es fällt Ihnen schwerer, einander ins Gesicht zu schauen. Im positiven Fall jedoch werden die im Körperschweiß vorhandenen Pheromone Ihr Nervensystem stimulieren.

Folgende Fragen werden sich stellen: Stößt Ihre Zuneigung auf Gegenliebe? Ist der andere frei? Bei diesem Punkt ist Vorsicht geboten. Untersuchungen haben nämlich gezeigt, daß alle Männer gegenüber einer begehrenswerten Frau auch dann unbewußt nonverbale Signale einsetzen, wenn sie bereits gebunden sind – sogar wenn ihre Partnerin sich im gleichen Raum aufhält!

FLIRTEN Wenn die Informationen, die Sie aus der Nähe gewonnen haben, Ihrer beider Absichten weiter verstärkt haben, steht einem Flirt nichts mehr im Wege. Dieser Aspekt des Werbens kann sich über Monate – bei einigen Paaren sogar über Jahre – hinziehen. Dies intensiviert auf nonverbale Weise die Zusammengehörigkeit, festigt die Beziehung und schottet sie gleichsam nach außen ab.

Im »Eröffnungszug« finden sich bereits alle Signale der Attraktivität betont. Sie kommen aufeinander zu und schenken einander einen längeren Blick. Anlässe für gegenseitiges Berühren lassen sich finden, indem Sie Ihre Hand auf den Arm Ihres Partners legen, um einer Äußerung Nachdruck zu verleihen, oder indem Sie ihm einen Gegenstand reichen. Ihre Stimmen werden instinktiv sanfter und verträumter. Die räumliche Nähe führt auch zu entsprechenden körperlichen Reaktionen. Sie fühlen sich nicht nur angeregt, sondern regelrecht

---

Selbst eine nur leicht veränderte Körpersprache kann auf ein gewandeltes Interesse hindeuten. Karin hat sich erbarmt und sich Alf zugewandt; ihr Blick ist ein typisches Flirtsignal. Laura hat ihre Abwehrhaltung aufgegeben und sich Kurt zugewandt. Oliver und Johanna sind sich weiter nähergekommen.

beschwingt, da Ihr Puls steigt und größere Mengen Adrenalin ausgeschüttet werden.

Der nächste Schritt sieht einem Rückzug zum Verwechseln ähnlich und wird meist von der Frau vollzogen. So kommt es vor, daß sie all ihre Aufmerksamkeit zurücknimmt, etwa indem Sie sich einem weiter entfernten Geschehen zuwendet, den Blickkontakt abbricht und Augen oder Gesicht hinter einer Hand verbirgt. Er reagiert darauf vielleicht ganz ähnlich, und für eine Sekunde haben beide scheinbar all ihre Nähe verloren. Der Körper beantwortet dies mit einem starken Angstgefühl, worauf sich beide wieder einander zuwenden. Dies hat den Zweck zu signalisieren, daß es sich lohnt, weiter am Ball zu bleiben.

Um sicherzugehen, daß Ihre Beziehung nicht von außen gefährdet wird, werden mögliche Eindringlinge mit Hilfe von Abwehrsignalen abgeschreckt. Zu Beginn einer Begegnung ist es wohl eher der Mann, der solche Signale gibt, indem er einem Dritten buchstäblich den Zugang versperrt. Nach einigen Begegnungen wird jedoch auch die Frau mit dem Abblocken beginnen, wenn auch auf verstecktere Weise, etwa indem sie durch Blickkontakt, Lachen oder eine leichte Berührung versucht, ihren Partner bei der Stange zu halten.

Die meisten dieser nonverbalen Flirttechniken sind so natürlich und spontan, daß jeder gezielte Verbesserungsversuch nur Schaden anrichten würde. Kosten Sie sie genüßlich aus, denn es handelt sich gleichsam um ein instinktives »Balzverhalten«. Er wird signalisieren, ob er an dem Geschehen Vergnügen findet, und Sie werden instinktiv erfassen, ob Sie mit dem Verlauf der Dinge glücklich sind. Nehmen Sie sich etwas zurück, wenn er zu sehr vorprescht; bestärken Sie ihn mit einem Lächeln, wenn Ihnen bestimmte Äußerungen zusagen.

Mit Hilfe dieser nonverbalen Strategien erzielen Sie eine ausreichend lange Zuwendung, um die bestehenden Möglichkeiten sondieren zu können. Bei fehlender Gemeinsamkeit verabschieden Sie sich einfach voneinander. Wenn Sie vermuten, Ihr Gegenüber sei nicht überzeugt von Ihnen – vielleicht weil sein Blick umherschweift und seine Gesten

signalisieren, daß er auf eine andere Person aufmerksam wurde –, so leisten Sie großzügig Verzicht und suchen sich einen anderen Menschen.

VERFÜHRUNG Wenn Sie beide bereit sind, Ihre Beziehung intimer werden zu lassen, müssen Sie einen geeigneten Ort und Zeitpunkt wählen. Sorgen Sie dafür, daß diese Festlegung auf nonverbalem wie sprachlichem Weg die besten Erfolgsaussichten mit sich bringt.

Der Abend ist vermutlich die beste Tageszeit für erste Intimitäten. Nicht nur weil man am Ende eines Arbeitstages entspannter und offener für einen intensiven Austausch ist, sondern auch, weil man mit zunehmender Dunkelheit auch stärker auf Sehen und Berühren als auf Sprechen eingestimmt ist. In einer Studie, die mit einer Gruppe durchgeführt wurde, die in einem völlig dunklen Raum saß, kam die Konversation nach ungefähr einer halben Stunde vollkommen zum Erliegen! So klischeehaft es klingen mag: Das romantische Stelldichein in einem schummrigen Restaurant sorgt immer noch am besten für die richtige Stimmung.

Wählen Sie ein Lokal, in dem Sie dicht beieinander sitzen können. Nutzen Sie aus, daß der menschliche Körper unter bestimmten Voraussetzungen von körperlicher Nähe zu sexueller Intimität »überspringt«. Innerhalb der »Intimdistanz« von etwa 50 Zentimetern besteht eine erhöhte Wahrscheinlichkeit für sexuelle Stimulanz. Und da diesem Kontakt typischerweise eine »spontane« oder »entschuldigende« Berührung vorangeht, bietet sich ein kleiner Tisch an.

Wählen Sie einen Ort, an dem Musik zu hören ist, mit deren Hilfe Sie Ihren Rhythmus besser aufeinander abstimmen können – jedoch keine Livemusik, da Sie die nötige Aufmerksamkeit des Partners nicht zuläßt. Entscheiden Sie sich für einen Platz, der einen Schutzraum bietet, etwa eine von anderen Gästen abschirmende Säule oder ein abgeschiedener Tisch.

Gegen Mitternacht ist es für Sie als Frau am besten (und natürlich auch am sichersten), wenn Sie in Ihre eigene Wohnung gehen, es sei denn, Ihr

»Abstand halten« ist die eindeutige Botschaft ihrer verschränkten Arme und der zwischen beiden plazierten Hindernisse (Kissen und Tisch). Das Telefon signalisiert, daß sie bereit ist, sich stören zu lassen. Der Raum ist vollständig ausgeleuchtet. Trotz ihres Lächelns dürften ihm all diese Signale zusammen mit ihrem ausdruckslosen Blick klarmachen, was möglich ist und was nicht.

Partner fühlt sich auf fremdem Terrain unwohl. Bei sich zu Hause nämlich können Sie die besten Voraussetzungen schaffen. Es sollten bequeme Sitzgelegenheiten vorhanden sein, auf denen Sie eventuell erste Zärtlichkeiten austauschen können. Vorsicht ist geboten, wenn allein ein Bett in Betracht kommt, da dies zu sehr nach Sex »riecht« und Ihr Partner sich leicht verkrampft.

Sorgen Sie dafür, daß im Laufe der Zeit weniger der Seh- und Hörsinn angesprochen wird, dafür eher der mit größeren Empfindungen verbundene

Hier bieten die nicht-sprachlichen Signale ein verändertes Bild. Sie hat sämtliche Hindernisse (auch das Telefon) entfernt, die Beleuchtung abgeschwächt und sich ihm direkt zugewandt. Hand und Bein sind ein »Fingerzeig«. Ihr Blick zeugt von ihrem Wunsch nach Nähe.

Tast-, Geruchs- und Geschmackssinn. Entfernen Sie Störquellen wie Telefon oder Mitbewohner, und greifen Sie auf erotisierende Dinge wie gedämpftes Licht, romantische Musik, weiche Kissen, gutes Parfüm (kein leichtes, blumiges Aroma, sondern moschusartige Düfte) zurück. Doch hüten Sie sich auch hier, mit der Auswahl der Musik oder dem räumlichen Arrangement einen allzu offensichtlichen sexuellen Bezug zu schaffen.

DIE INITIATIVE ERGREIFEN Bald schon werden Sie für intensivere Berührungen bereit sein. Vielleicht haben Sie das Gebiet bereits in Form von »entschuldigenden« Berührungen abgesteckt und für gut befunden. Ihre Sinne haben Ihnen eine positive Botschaft vermittelt und zu weiterer Annäherung und Berührung geführt, was in Ihnen ein Gefühl der Wärme entstehen ließ. Wenn alles gutgeht, werden nun Ihre instinktiven körpersprachlichen Strategien ein Eigenleben entwickeln. Was aber, wenn Sie beide sich nicht spontan in die Arme fallen? Fehlt es schlicht an gegenseitiger Anziehung? Falls einer von Ihnen durchweg bloß Signale der Freundschaftlichkeit bekundet (siehe Seite 40 f.), sollten Sie sich besser ans andere Sofaende zurückziehen und »herunterschalten«. Falls er abgelenkt wirkt (Rückzug, abgewandter Blick, verstärkter Redefluß), dann halten Sie sich zurück. Falls Sie nicht bei der Sache sind, schalten Sie einfach das Hauptlicht wieder an, und machen Sie Ihrem Partner deutlich, daß Sie sich zurücknehmen.

Möglicherweise erwidert Ihr Partner Ihre Präsentations- und Flirtsignale, macht aber dennoch nicht den ersten Schritt. Der Grunde: Viele Männer

Beide sind sich noch näher gekommen und tauschten beim Einschenken eine »beiläufige« Berührung aus.

sind unsicher, ob sie mit ihren Methoden auf Gegenliebe stoßen werden. Vielleicht hat Ihr Partner auch Ihr nonverbales Interesse noch nicht registriert. Für Sie bieten sich verschiedene Möglichkeiten, die Initiative zu ergreifen, doch seien Sie gewarnt: Es geht hier nicht um Manipulation, sondern um eine Ermutigung, die allein das Ziel hat, den natürlichen Prozeß des Intimwerdens zu beschleunigen. Sollte auf einer der beiden Seiten ein ernsthaftes Desinteresse bestehen, geht gar nichts.

Nähern Sie sich Ihrem Gegenüber ein Stück, denn wie erwähnt ist der Aufenthalt innerhalb der Intimzone (50 Zentimeter) ein deutliches Signal. Erhöhen Sie die Zahl beiläufiger Berührungen. Sehen Sie sich gemeinsam etwas an, damit Ihr Partner dichter zu Ihnen heranrückt. Wenn sich Ihre Hände begegnen, so lassen Sie Ihren Partner fühlen, daß diese Berührung nicht zufälliger Natur ist und Sie Ihnen guttut.

Sie werden inzwischen bereits bemerkt haben, in welcher Weise Ihrer beider Haltungen oder Gesten aufeinander abgestimmt sind und Gemeinsamkeiten widerspiegeln. Wenn Sie sich Ihrem Partner etwas weiter nähern, wird er darauf wie von selbst reagieren, sofern er sich zu Ihnen hingezogen fühlt. Lassen Sie Ihre Hand, während Sie seine Geste nachbilden, auf der seinen verweilen, um ihn so zu einer weiteren Berührung einzuladen. Ein langer Blickkontakt wirkt aus der Nähe um so intensiver. Flüstern Sie ihm einige liebevolle Worte zu, und er wird sich von selbst weiter nach vorn lehnen, um Ihnen zu lauschen. Wenn Ihre Lippen dann seine Wangen berühren, geschieht dies ganz ohne Zwang.

SEXUELLE SIGNALE Nach dem ersten Kuß kann man nicht etwa getrost auf Körpersprache verzichten. Vielmehr ist es gerade beim Liebesspiel wichtig, Körpersignale zu kennen und entsprechend auf sie zu reagieren, da Worte in dieser Situation oftmals besonders schwerfallen. Was jedoch bei dem einem funktioniert, kann dem anderen Verdruß bereiten, und was einmal geklappt hat, kann beim nächsten Mal in eine Katastrophe münden.

Körpersprache ist hier deshalb wichtig, weil sie eine Reihe nonverbaler Signale liefert, die über den Grad der Erregung Aufschluß geben. Von erfolgreichen Paaren werden diese Signale instinktiv entwickelt, viele Partner jedoch bemerken sie nicht oder schaffen es nicht, auf sie in verstärkter Form zu reagieren. Die Signale basieren auf den natürlichen Erregungsprozessen des menschlichen Körpers. Bei sexueller Erregung durchläuft der Körper eine drastische Veränderung. Bei der Frau festigen sich die Brüste, der Warzenhof schwillt an, und die Brustwarzen richten sich auf. Der Uterus weitet sich und richtet sich auf, die Klitoris füllt sich mit Blut, und die Schamlippen vergrößern sich, um den Penis festhalten zu können. Beim Mann füllen sich die Schwellkörper des Penis mit Blut, und das Glied erigiert; die Hoden vegrößern sich, und der gesamte Körper richtet sich auf die bevorstehende Ejakulation ein.

Beide Partner erleben diese tiefgreifenden körperlichen Veränderungen in Form leidenschaftlicher Gefühlsregungen, die sie mit Hilfe des gesamten Körpers ausdrücken. Haut und Lippen werden stärker durchblutet und reizempfindlicher, der Blick verliert an Schärfe, und der Gehörsinn läßt nach, um eine stärkere Konzentration auf die inneren Vorgänge zu ermöglichen. Ein oft veränderter Muskeltonus führt zu einem leichten Zittern oder läßt die Haut feucht werden und erröten. Der Gesichtsausdruck kann etwas Verkrampftes annehmen oder völlig ausdruckslos werden, während der Körper von den aufkommenden Gefühlen schier überwältigt wird. Auch die Stimme unterliegt individuellen Veränderungen. Mit zunehmendem Puls und durch das freigesetzte Adrenalin erhöht sich die Atemfrequenz. Auch der Geruch und Geschmack vermag sich zu ändern.

All diese bewußten wie auch unbewußten Signale, bilden einen beständigen Strom wichtiger wechselseitiger Informationen, die es Ihnen beiden gestatten, einander mitzuteilen, was gut und was weniger gut ist, wovon Sie mehr wollen und wovon nicht, und was funktioniert bzw. was nicht. Dieser Austausch von Botschaften kann unterschwellig

Erogene Zonen der Frau und des Mannes

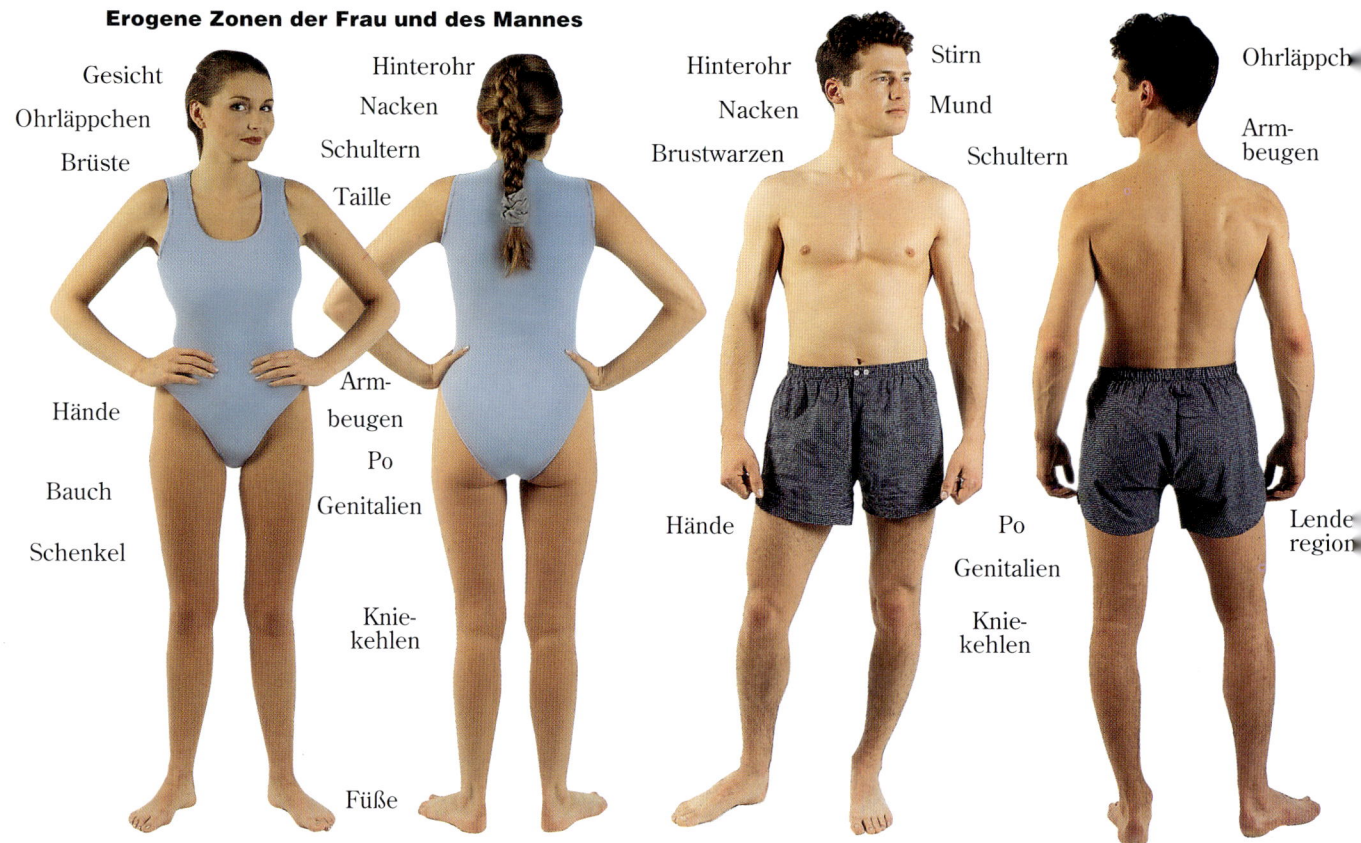

Gesicht
Ohrläppchen
Brüste
Hände
Bauch
Schenkel

Hinterohr
Nacken
Schultern
Taille
Armbeugen
Po
Genitalien
Kniekehlen
Füße

Hinterohr
Nacken
Brustwarzen
Hände

Stirn
Mund
Schultern
Po
Genitalien
Kniekehlen

Ohrläppch
Armbeugen
Lendenregion

erfolgen, doch sie entscheiden über den Verlauf – und Erfolg – des Liebesspiels.

Die unbewußten Signale, die jeder von uns verwendet – Puls, Blutdruck und verändertes Geruchs- oder Geschmacksempfinden – entziehen sich allerdings jeder Kontrolle. Was sich jedoch positiv beeinflussen läßt, sind die bewußteren Signale, die von beiden Partnern gekannt und gedeutet werden müssen. Ihre Bewegungen – plötzliches Innehalten oder stürmisches Vorpreschen – enthalten die Botschaften »Halt« oder »Weiter«. Geräusche – ein Murmeln oder ein scharfes Luftholen – deuten auf entsprechende Gefühle hin. Berührungen wie der Druck mit der Fingerspitze oder eine nachdrückliche Handbewegung bestimmen die Positionen, Bewegungen und Geschwindigkeit. Wer sich diese Dinge bewußtmacht, kann sich und seinen Partner besser kennenlernen und angemessener auf ihn reagieren. Im Laufe der Zeit werden Sie auch mit den verstecktesten Abstufungen Ihrer sexuellen

Signale vertraut, so daß bereits die kleinste Bewegung des einen ausreicht, um den anderen zu einer Reaktion zu veranlassen, die ein Höchstmaß an Erregung mit sich bringt.

Beim sinnvollen Einsatz dieser Signale für eine erfülltere Sexualität können sich allerdings zwei Probleme auftun. Erstens kann es vorkommen, daß ein Partner die Signale des anderen gar nicht registriert. Dies gilt in erster Linie für manche Männer, die sich derart in ihrer eigenen Erregtheit verlieren, daß sie die nonverbalen Reaktionen der Partnerin kaum wahrnehmen. In diesem Fall sollten Sie Ihre Signale so lange verstärken, bis eine Reaktion eintritt oder, falls es nötig ist, in Worte umsetzen (»Ja ... weiter«), um die Botschaft an den Mann zu bringen. Scheuen Sie sich nicht, auch Ihr Mißfallen zu äußern, am besten dadurch, daß Sie Ihre bisherigen positiven Verhaltensreaktionen einstellen.

Zweitens wird es Ihnen vielleicht schwerfallen, deutliche Zeichen der Erregung zu zeigen. Dies gilt

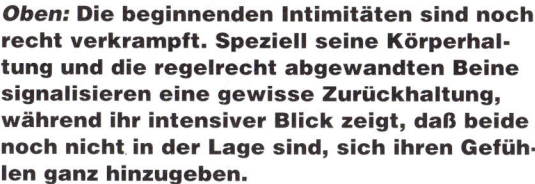

Oben: Die beginnenden Intimitäten sind noch recht verkrampft. Speziell seine Körperhaltung und die regelrecht abgewandten Beine signalisieren eine gewisse Zurückhaltung, während ihr intensiver Blick zeigt, daß beide noch nicht in der Lage sind, sich ihren Gefühlen ganz hinzugeben.
Der Kuß auf den Mund signalisiert den Beginn echter Zweisamkeit und Intimität. Eine noch stärkere sexuelle Komponente hat der Zungenkuß, da er den Akt der geschlechtlichen Vereinigung nachahmt.
Rechts und unten: Verspieltes Herumbalgen bietet Berührungsmöglichkeiten, wirkt anregend und stimmt den Körper auf spätere Aktivitäten ein.

gleichermaßen für Männer wie für Frauen, denn trotz der von Männern geäußerten Klage, Frauen gingen nie »aus sich heraus«, sind es ebensooft Männer, die eindeutige Körpersignale in der Liebe vermissen lassen. Wer jahrelang den Ton angegeben hat, mag es nicht für wichtig erachten, derartige Signale des Gefallens zu geben, da er die Dinge oft nach seinem Geschmack lenken kann. Sollte dies auf Ihren Partner zutreffen, müßten Sie die Initiative ergreifen, um seine Vorlieben herauszufinden. Die in einschlägigen Ratgebern nachzulesende Empfehlung, den ganzen Körper des Partners mit Mund und Händen ausgiebig zu liebkosen, hat unter dem Gesichtspunkt der Körpersprache tatsächlich mehrere Vorteile: Durch die entsprechend stimulierten Nervenendingungen schwellen wichtige Zonen stärker an, was eine größere Kon-

Daß beide sich auszuziehen beginnen, signalisiert eindeutige Absichten. Die körperliche Nähe, die manches einfacher macht, zeigt ihre Bereitschaft zu Intimitäten. Wären beide in dieser Situation voneinander abgerückt, wäre das Entkleiden verfrüht gewesen.

taktfläche schafft. Außerdem werden sämtliche Sinne ins Spiel gebracht, so daß Sie herausfinden können, was Ihnen beiden Lust verschafft.

Das vielleicht größte Problem der Körpersprache im Bett ist, daß Sie mit einem neuen Partner bereits bei der allerersten Berührung nonverbal Signale austauschen. Machen Sie ihn vom ersten Kuß an mit Ihren Geräuschen und Berührungen vertraut, und versuchen Sie frühzeitig, seine Reaktionen zu ergründen. Wenn Sie einander Ihre Vorlieben deutlich signalisieren, setzen Sie gewissermaßen einen Standard, der sich ausbauen läßt. Falls es Ihren Signalen jedoch an Deutlichkeit fehlt, werden Sie es später schwerer haben, einander »umzuerziehen«.

Mit fortschreitender Intimbeziehung werden Sie sämtliche Signale Ihres Partners kennenlernen – auch solche, die Sie dabei unterstützen, einander zum Höhepunkt zu bringen, kurz vor dessen Erreichen innezuhalten oder in einen längeren Orgasmus überzuwechseln. Je intensiver Sie seine Sig-

nale beobachten, interpretieren und beantworten, desto besser wird Ihr Partner auf Ihre Signale reagieren können. Mit zunehmender Vertrautheit in diesen Dingen wird Ihnen der Sex um so mehr Vergnügen bereiten.

Die Sprache der Gefühle

Der menschliche Körper reagiert von Natur aus emotional und signalisiert nach innen wie nach außen, wenn etwas Wunderbares oder Schreckliches geschieht. Beide Gefühlsextreme finden sich in fast jeder Liebesbeziehung wieder.

Bestimmte Gefühlsregungen sind quasi unübersehbar; dies gilt besonders für die »klassischen« sechs Gefühle, die sich überall auf der Welt in der gleichen Weise äußern – für Glück, Trauer, Wut, Ekel, Verwunderung und Angst. Glück wird durch Lächeln signalisiert, Trauer durch Tränen, und Wut durch laute Stimmen oder markante Gesten.

Das Erkennen solcher emotionalen Signale erfordert keine besonderen Kenntnisse, mehr schon das Beobachten der weit versteckteren, alltäglichen Gefühlsregungen. Zufriedenheit, Gereiztheit, Unbehagen, Verwirrtheit und Beklommenheit sind gewissermaßen die »abgespeckten« Versionen der erwähnten Gefühle. Wenn Sie fähig sind, bei sich oder Ihrem Partner frühzeitig entsprechende Anzeichen zu erkennen, dann sind Sie gut gewappnet.

Das erste Signal für ein aufkommendes Gefühl ist oft ein innerer Energieschub. Emotionen sind reale körperliche Vorgänge wie Hunger und Durst auch, bei denen das gesamte Nervensystem aktiv wird. Adrenalin wird in den Blutkreislauf ausgeschüttet, Puls und Blutdruck schnellen hoch, die Atemfrequenz steigt an, das Nervensystem wird mit energiespendendem Zucker überschwemmt, die Verdauung verlangsamt sich zwecks Energieeinsparung, und die Blutgerinnungszeit verkürzt sich für den Fall, daß es zu Blutvergießen kommt.

Parallel hierzu wird jede Emotion den Körper in spezieller Weise beeinflussen. Beklommenheit kann sich durch ein Gefühl bemerkbar machen, als zöge sich der Magen zusammen. Weitere mögliche Anzeichen sind Atemnot, ein beschleunigter Puls,

Vier elementare Emotionen mit markanter Signalwirkung:

Angst Angstgefühle gehen mit weit geöffneten Augen und starrem Blick einher. Die Augenbrauen sind als Schutz vor herabtriefendem (Angst-) Schweiß zu verstehen. Die Lippen ziehen sich wie bei einem Schrei zurück. Frauen drehen den Kopf eher zur Seite weg, während Männer meist zurückweichen.

 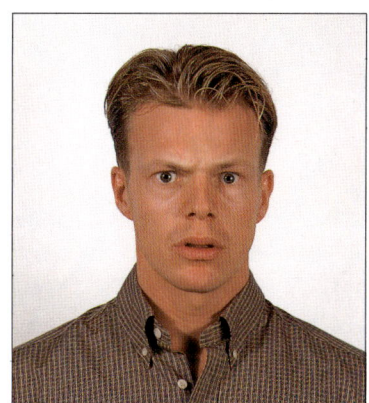

Trauer Noch bevor die Tränen kommen und das Weinen einsetzt, erröten die gesenkten Augenlider. Das trauernde, schützende Insichgekehrtsein erstreckt sich oft über den gesamten Körper. Dem Ausbruch der Tränen geht gelegentlich ein Zittern der Unterlippe voran.

Wut Man versucht, den Widersacher mit einem durchdringenden Blick aus der Fassung zu bringen. Sämtliche Gesichtsmuskeln werden angespannt, und die Nasenflügel weiten sich. Manche Männer schürzen die Lippen, so als setzten sie zu einem drohenden Schrei an, während Frauen – zur Zurückhaltung erzogen – sich eher auf die Lippen beißen.

Glück Mit dem positiven Gegenstück der Wut – dem Glück – bekunden wir ein Gefühl der Hochstimmung. Alle Sinne öffnen sich. (»Geteiltes Glück ist doppeltes Glück«.) Bei dem typischen »Honigkuchengesicht« spielen zahlreiche Muskeln der Augen- und Mundregion mit.

trockener Mund, leichtes Frösteln und gelegentlich auch ein plötzlicher Drang, die Toilette aufzusuchen. Trauer ist mit einem Kribbeln in den Augen verbunden, worauf gelegentlich Tränen folgen. Leichte Atemnot und der sprichwörtliche Kloß im Hals sowie ein Gefühl der Schwere können sich hinzugesellen. Die ersten Anzeichen für Gereiztheit können ein plötzliches Prickeln im Magen, Erröten von Kopf oder Händen bzw. eine unvermittelte Anspannung der Kiefer sein.

Machen Sie sich Ihre alltäglichen Emotionen bewußt. Hierdurch treten Sie nicht nur in einen intensiveren Austausch mit Ihrem Körper, sondern erhalten auch eine bessere Gelegenheit, auf Ihre Emotionen zu reagieren, was in jeder Lebenslage – nicht nur in der Liebe – von Nutzen ist.

SEINE GEFÜHLE Die emotionale Körpersprache der Männer ist oftmals ein verschlossenes Buch. Männer werden in unserer Gesellschaft nicht ermutigt, sich mit ihren Gefühlen zu befassen. Wut ist die von Männern am häufigsten gezeigte Emotion, speziell um die mit den oben beschriebenen körperlichen Vorgängen verbundene innere Anspannung zu lösen. (Sehr oft ist auch Kummer oder Angst das ursächliche Gefühl.) Ein besorgter Mann zeigt die typischen Sorgenfalten auf der Stirn. Angehobene Schultern und zusammengekauerte Haltung können ebenfalls auftreten, ferner Lippenbeißen und Mundbewegungen, so, als versuche er, das Problem im Inneren durchzusprechen.

Zwar bereitet das Weinen den Männern oft Sorgen, doch die Augenregion eines reuevoll oder traurig gestimmten Mannes kann durchaus anschwellen und erröten, und die Augen können einen feuchten Glanz annehmen. Der Mund wird von einem leichten Zittern erfaßt, der Körper fällt in sich zusammen, bis ein unbewußter, tiefer Seufzer erfolgt. Ein wütender Mann wird eher die Augen zusammenkneifen und einen starren Blick annehmen, so als wolle er einen Gegner vor dem Angriff aus der Fassung bringen. Die Nasenflügel beben, die Lippen spannen sich, die Schultern fahren zusammen, und die Bewegungen werden kurz und

scharf oder unkoordiniert. Das Gesicht kann erblassen oder erröten, da das Nervensystem abwechselnd auf Wut und Beruhigung schaltet. Was aber, wenn zwei Gefühle in ihm miteinander kämpfen, wenn er wütend auf Sie ist, aber vor Ihrer Reaktion zurückschreckt? Wenn er es Ihnen nachträgt, daß Sie gegangen sind, er aber erleichtert ist, daß Sie zurückkehrten? Falls es Ihnen nicht gelingt, Anzeichen für diese widersprüchlichen Emotionen festzumachen, besteht die Gefahr, daß Sie die Sache falsch anpacken und nur auf die eine, von Ihnen wahrgenommene Emotion reagieren.

Halten Sie also nach widerstreitenden Signalen Ausschau. Diese unterschiedlichen Reaktionen treten in der Regel in verschiedenen Körperregionen auf. Der Grund liegt darin, daß die einzelnen Körperteile von unterschiedlichen Hirnregionen instruiert werden. Typische »Widerspruchszonen« sind: obere gegen unter Körperhälfte (beispielsweise Tränen im Gesicht, jedoch nervöses Fußtrommeln), obere gegen unter Gesichtshälfte (aufmunterndes Lächeln, jedoch angstvoller Blick), linke gegen rechte Körperhälfte (unterschiedliche Haltung von Kopf, Schultern oder Händen) sowie

Mit einer aufwühlenden Nachricht fertigwerden. Ganz in sich zusammengesunken, so als wolle sie sich schützen, nimmt sie die schlechte Nachricht zur Kenntnis. Die vor den Mund gelegte Hand wird als Zurückhalten gesellschaftlich unannehmbarer Leidbekundungen interpretiert.

ganzer Körper gegen Einzelgeste (entspannte Haltung mit liebevollem Ausdruck, jedoch geballte Faust). Natürlich darf auch die Suche nach Aspekten, die einer Äußerung widersprechen, nicht fehlen: friedfertige Worte aus einem wutverzerrten Mund oder ein liebevoller Satz mit einer zurückweichenden Handgeste.

Heraus damit

Der Chef tobt, der Zug hat Verspätung oder eine Entlassung oder ein Trauerfall steht ins Haus. Egal, ob Sie oder Ihr Partner dieses schlechte Gefühl haben, Sie werden meinen, daß es am hilfreichsten und liebevollsten sei, den Betreffenden durch fröhliches Auftreten auf andere Gedanken zu bringen.

Aus Sicht der Körpersprache ist jedoch oft das Gegenteil richtig. Wenn wir nämlich unsere Gefühle ständig zurückhalten, legen wir unserem Körper eine doppelte Bürde auf. Wenn uns dauernd ein Gefühl der Traurigkeit, Beklommenheit oder Gereiztheit beherrscht und wir diese Emotionen permanent unterdrücken, können unsere natürlichen Kontrollmechanismen aus den Fugen geraten. Der Körper unterliegt dann einem ständigen

Auf und Ab der Anspannung. Neuere medizinische Studien legen nahe, daß derart unterdrückte Gefühle langfristig zu Problemen wie Herzerkrankungen, Krebs und Depressionen führen können. Anstatt sich emotional gewissermaßen auf die Zähne zu beißen, empfiehlt es sich eher, die Emotionen herauszulassen und damit den Körper aus ihrem Würgegriff zu befreien.

Wie geschieht das aber am besten? Da jeder Mensch andere Bedürfnisse nach angemessener Unterstützung hat, sollten Sie dies individuell abklären. Im Fall von Trauer oder Beklommenheit bietet eine intensive Umarmung den besten Trost, denn sie erinnert an die schutzbedürftige Zeit der Kindheit und vermittelt ein Gefühl der Sicherheit und des Geliebtseins. Halten Sie einander in enger, fester Umarmung ohne jegliche sexuellen Vorstöße, und spüren Sie dem beruhigenden Gefühl nach, wie sich Ihre Atmung und Ihr Puls dem Ihres Partners anzugleichen beginnt.

Ein probates Mittel gegen Zorn ist körperliche Betätigung, da sie das vom Körper produzierte Adrenalin abbaut. Hier hilft schnelles Laufen, aber auch kontrolliertes Schlagen auf eine weiche Unter-

Die leicht angehobene Kopfhaltung verrät, daß sie die Fassung wiederzuerlangen beginnt. Blickkontakt ist ihr jedoch noch nicht möglich. Der »Würgegriff« der linken Hand signalisiert fortbestehende Zurückhaltung.

Die um die Aufnahme eines Blickkontakts bemühten, tränengefüllten Augen erwecken auch bei Menschen, die ihre Gefühle im Griff haben, das Bedürfnis zu weinen. Die Schultern beginnen in die gesenkte, weniger geschützte Position zu fahren, und die Hände suchen in einer Trostgeste Schutz.

lage. Achten Sie auf gleichmäßige Atmung, während Sie kraftvoll in Aktion treten. Bei entsprechender Schallisolierung ist ein markiger Schrei angebracht. Sie können aber auch den Kopf zwischen den Kissen vergraben und laut schreien. Wenn es möglich ist, sollten Sie gemeinsam mit Ihrem Partner aktiv werden. Wenn er jedoch der Grund für Ihr Unwohlsein ist, so begegnen Sie ihm erst wieder, wenn Sie sich besser fühlen.

Sobald Sie glauben, all Ihre Emotionen herausgelassen zu haben und Sie sich wohler fühlen, verwenden Sie folgenden Ablauf, um zum Alltag zurückzufinden. Stehen Sie auf, und gehen Sie erhobenen Hauptes und mit leicht zur Decke gerichteten Augen umher. Atmen sie tief und bedächtig. Vollziehen Sie irgendeine gefahrlose körperliche Betätigung, etwa, indem Sie mit den Zehen spielen; dies spricht das Nervensystem an. Gehen Sie nun zu einer nicht allzu fordernden geistigen Betätigung über wie etwa Abzählen aller Bücher mit grünem Einband; dies lenkt Sie von etwaigen emotionalen Rückfällen ab.

Diese Sequenz eignet sich auch für Situationen, in denen Sie sich ungeachtet Ihrer Gefühlslage natürlich verhalten müssen. Eines muß allerdings betont werden: Alle derartigen Anregungen bieten keine Lösung für ein tiefgreifendes emotionales Trauma, ernsthafte Beziehungskonflikte und anhaltende Depressionen; diese verlangen eine längerfristige Unterstützung oder Beratung durch qualifizierte Dritte.

Probleme über Probleme

Zahlreiche Partnerschaftsprobleme lassen sich mit Hilfe von Worten bewältigen. Man spricht sich aus, diskutiert mit anderen und sucht einen qualifizierten Berater auf. Körpersprache ist jedoch ebenfalls hilfreich – erstens, indem sie Sie auf Probleme überhaupt erst aufmerksam macht und zweitens, indem sie dafür sorgt, daß die Worte Gehör finden.

Was können Sie beispielsweise tun, wenn Sie Ihren Partner der Unehrlichkeit verdächtigen? Zwar wird Ihnen seine Körpersprache nicht sagen können, was Wahrheit und was Lüge ist, doch Sie

kann Ihnen helfen zu klären, ob ein Problem besteht. Falls er lügt, wird er darauf aus sein, daß Sie seine tatsächlichen Gefühle nicht bemerken. Anfänglich wird er seine nonverbalen Signale instinktiv reduzieren. Halten Sie daher als erstes nach »Blindzeichen« Ausschau: ungewohnt ruhiges, verhaltenes Auftreten mit abgeschwächter Mimik und

Gestik und einer gewissen »Verbissenheit« von Mund und Kiefer.

Oder er macht buchstäblich gute Miene zum bösen Spiel. Doch ein prüfender Blick genügt: Ein echtes Lächeln ist symmetrisch und kehrt die Augenfältchen hervor; ein falsches Lächeln hingegen ist unsymmetrisch und (beim Rechtshänder) auf

**Wer gehört wirklich zu wem?
In Aufnahme oben funkt es allein zwischen Laura und Kurt (links), deren entspannte Haltung und Blickkontakt ihr Interesse aneinander deutlich signalisieren. Kurts Kopf und Knie weisen eindeutig zu Laura, obwohl sein Arm und Rücken zu seiner wirklichen Partnerin weisen. Diese blockiert die Nähe ihres Gegenübers durch ihre Armstellung.**

Kurt wendet sich augenblicklich zu seiner Partnerin, als diese ihn berührt. Muß sie befürchten, daß er sich emotional von ihr abwendet? Lauras überlegene Körpersprache scheint ihr dazu berechtigten Anlaß zu geben.

der linken Gesichtshälfte stärker ausgeprägt, ohne Augenfältchen, und bietet einen starren, allmählich abklingenden Ausdruck. Wenn er versucht, seine Worte zurückzuhalten, gerät er womöglich ins Stottern oder Stammeln, faßt sich an den Hals (»Würgegeste«) oder äußert sich buchstäblich hinter vorgehaltener Hand.

Um das Maskierverhalten zu durchschauen, wenden Sie sich jenen Körperteilen zu, die nicht so gut kontrollierbar sind wie Hände oder Gesicht. So werden Sie vielleicht »Fluchtwegungen« der Beine und Füße oder angespannte Schultern oder Rumpf-

partien feststellen. Oder Ihr Partner vollzieht einige typische Beschwichtigungsgesten wie Berühren des Gesichts oder Glätten der Haare. Unregelmäßige Atmung mit ruckhaften Pausen, farbliche Hautänderungen und stärkeres Schwitzen können sich hinzugesellen.

Wie können Sie darauf reagieren? Schaffen Sie am besten eine private Atmosphäre. Plazieren Sie sich so, daß Ihr Partner Sie direkt anschauen muß, lehnen Sie sich vor, und halten Sie seine Hände, um die nervösen Bewegungen, mit denen er seine innere Anspannung abbaut, zu blockieren. Schauen Sie ihm in die Augen, um es ihm zu erschweren, seine innersten Gefühle zu kontrollieren. Sprechen Sie mit sanfter anstatt zorniger Stimme, damit er aufhört, sein Schuldbewußtsein hinter Signalen der Empörung zu verbergen.

Falls Ihr Partner sich herauszuwinden sucht, er Ihnen nicht in die Augen zu schauen vermag und seine Körpersprache immer nervöser wird, so deutet dies auf das Vorhandensein eines Problems hin. Wie Sie damit umgehen, hängt von Ihnen ab. Wenn Ihr Partner ruhigbleibt und Ihrem Blick mit einem entspannten Seufzer begegnet, ist er vielleicht nur ein äußerst perfekter Lügner – oder aber auch nicht, und Ihre Sorgen waren grundlos.

VERDÄCHTIGUNGEN Wenn sich Ihre Verdächtigungen auf eine Affäre beziehen, gestalten sich die Gefühle um so aufrührender. Wie läßt sich die Wahrheit herausfinden, und wie können Sie überhaupt reagieren?

Wenn die mögliche »Nebenbuhlerin« nicht zu Ihrem Bekanntenkreis zählt, weiß ein intelligenter Partner dies oft gut zu verbergen, sofern er es darauf anlegt. Klischeehafte Zeichen wie der ungewohnte Parfümduft im Auto oder das berühmte blonde Haar auf dem Anzug sind gewissermaßen Allgemeingut und werden daher von beiden sorgfältig vermieden.

Verdächtig stimmen sollte Sie aber Veränderungen in seinem nonverbalen Auftreten Ihnen gegenüber. Dies gilt interessanterweise auch für eine Wendung zum Besseren. Plötzlich einsetzende längere Abwesenheit bedeutet, daß er mehr Zeit mit »ihr« verbringt, doch ein unvermittelter Anstieg Ihrer Sexualkontakte kann bedeuten, daß seine Libido durch »sie« stimuliert wurde und er auch bei Ihnen auf mehr Sex aus ist. Falls Ihre Partnerschaft schon seit längerem besteht, achten Sie darauf, ob Paarbindungssignale wie Blickkontakt und »Zuneigung« plötzlich nachlassen, oder, ob von ihm neue Verhaltensweisen eingeführt werden. So kann er Sie plötzlich am Arm fassen, anstatt Ihnen die Hand zu halten oder sich auf dem Sofa in ungewohnter Weise an Sie schmiegen.

Sollten Sie den Verdacht hegen, »sie« gehöre zu Ihrem engeren Bekanntenkreis, so erhöhen sich Ihre Chancen, da Sie beide zusammen beobachten können. Wenn die Affäre in den Anfängen steckt, werden Sie an ihm Präsentiersignale feststellen

können wie eingezogener Bauch oder betont sportliche Kleidung. Falls »sie« daraufhin eine positive nonverbale Reaktion zeigt (siehe Seite 62), dann haben Sie Grund zur Sorge.

Wenn Sie glauben, daß die Affäre bereits begonnen hat, so halten Sie außerdem nach Zeichen für einen fehlenden Bezug Ausschau. Dies wäre ebenso verdächtig wie ein intensivierter Bezug, denn wenn er aufhört, sie anzusehen und anzulächeln, eine ausdruckslose Stimme annimmt und den Redeabstand zu ihr, dann hat er etwas zu verbergen. Derartige Verhaltensänderungen lassen sich anhand seiner unbewußten Signale ermitteln: Falls seine Haltung weiterhin auf Sie abgestimmt ist und seine unbewußten »Fingerzeige« (Hand, Knie, Schulter; siehe Seite 64) unverändert Ihnen gelten, stehen die Chancen gut. Falls alle nonverbalen Signale Ihres Partners jedoch einer anderen Frau gelten, kann die Zeit des Handelns gekommen sein: Sprechen Sie Ihren Partner darauf an, bereden Sie die Problematik, und schaffen Sie eine Situation, in der seine Worte wie Gesten ausschließlich Ihnen gelten – oder verzichten Sie darauf.

BREMSMANÖVER Zu Beginn oder irgendwann im Verlauf einer Partnerschaft kann für Sie der Zeitpunkt gekommen sein, da Sie auf sexueller oder emotionaler Ebene eine Art Bedenkzeit anstreben. Er möchte mit Ihnen schlafen oder Sie heiraten, Sie jedoch zögern eine Entscheidung hinaus.

Problematisch ist, daß Frauen auch heute noch dazu erzogen werden, »nett« zu sein. Sie verwenden oftmals eine Körpersprache, die ihre eigentlichen Gefühle beschönigt. Sogar ein Nein begleiten sie nicht selten mit einem positiven Gesichtsausdruck oder Kopfnicken, so als wollten sie sagen »Schon gut«. Leider jedoch wird das so gedeutet, als hätte sie gesagt »Wenn Du weiter darum bittest, werde ich schon ja sagen«.

Derartige Mißverständnisse lassen sich mit Hilfe einer selbstsicheren Körpersprache vermeiden. Wenn Sie das Gefühl haben, unter Druck gesetzt zu werden, sollten Sie zunächst jeglichen Körperkontakt abbrechen und sich zurückziehen.

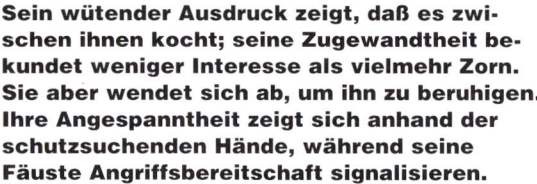

Sein wütender Ausdruck zeigt, daß es zwischen ihnen kocht; seine Zugewandtheit bekundet weniger Interesse als vielmehr Zorn. Sie aber wendet sich ab, um ihn zu beruhigen. Ihre Angespanntheit zeigt sich anhand der schutzsuchenden Hände, während seine Fäuste Angriffsbereitschaft signalisieren.

Sie stellt sich der Konfrontation und bietet ihm buchstäblich die Stirn. Ihre Hände signalisieren nicht mehr ein Schutzbedürfnis, sondern Handlungsbereitschaft. Er hingegen hat die Hände in die Taschen gesteckt, um ihr nonverbal seine verminderte Angriffsbereitschaft zu versichern.

Plazieren Sie sich frontal zu Ihrem Partner, und blicken Sie ihm in die Augen; damit bekunden Sie, daß Sie wirklich meinen, was Sie sagen. Entspannen Sie sich durch tiefes Einatmen und langsames Ausatmen, um zu einer deutlicheren nonverbalen Botschaft zu gelangen.

Achten Sie darauf, nicht einmal den Hauch eines Lächelns zu zeigen, denn dieses Signal macht ein Nein besonders unglaubwürdig. Entspannen Sie statt dessen Ihre Lippen, und senken Sie das Kinn ein klein wenig, nicht jedoch so weit, daß Ihre

Stimme verzerrt würde. Schlucken Sie kurz, damit Ihre Äußerung nicht gleich mit einem Zögern oder Stottern beginnt. Sprechen Sie langsam und nicht zu lange. (Rhetoriklehrer empfehlen, sich für eine knappe, nur aus wenigen Worten bestehende Botschaft zu entscheiden und sie lieber zu wiederholen, anstatt irgendwelche Erläuterungen oder Einschränkungen hinzuzufügen.)

Dieses Verhalten allerdings beschert Ihnen kein leichtes Spiel. Denn mit welcher Gefaßtheit Sie Ihr Anliegen auch vortragen, wird Ihr Partner es Ihnen

Sie hält den Kopf ge-
senkt, um ihm Einwil-
ligung oder Nachgeben
zu signalisieren – ein
ursprüngliches Signal
für die Bereitschaft,
einen Konflikt zu been-
den. Der Schmollmund
zeigt jedoch, daß der
Friede noch nicht ganz
wiederhergestellt ist.

übelnehmen, daß Sie ihm seinen Wunsch abschlagen. Dies jedoch verhindert die endlosen Diskussionen, die oft dadurch entstehen, daß Ihr Partner vermutet, Ihre negative Reaktion sei in Wahrheit eine positive.

Was aber, wenn das Gegenteil eintritt, er also zu Ihnen nein sagt? Wie sollten Sie darauf reagieren? Falls er tatsächlich das Wort »nein« verwendet, sollten Sie unabhängig von seiner Körpersprache akzeptieren, was er sagt, wie Sie dies auch von ihm verlangen würden, falls Sie nein sagten. Ignorieren Sie Signale wie Entschuldigung, Besänftigung, Schuld oder Angst, die seiner Botschaft nur die Klarheit nehmen.

Was aber, wenn er ja sagt, Sie aber das Gegenteil vermuten? Prüfen Sie die Körpersprache Ihres Partners auf negative Elemente wie angedeutetes Kopfschütteln oder abblockende Handbewegungen. Achten Sie auf Verzögerungen im Redefluß, auf verschluckte Wörter oder korrigierte Satzanfänge, die darauf hinweisen, daß er eigentlich etwas ganz anderes sagen wollte. Durch Herauslesen der wahren Bedeutung der sprachlichen wie nonverbalen Äußerungen wird die Kommunikation klarer.

Aus und vorbei

Sie werden womöglich annehmen, Ihre Beziehung sei stark gefährdet, wenn jeder seiner Anrufe Ihr Nervenkostüm strapaziert oder Sie bei seinem bloßen Anblick ins Kochen geraten. Wenn jedoch noch Gefühle da sind, besteht weiterhin eine emotionale Bindung, und Ihr Körper signalisiert, daß die Beziehung für Sie in bestimmter Weise immer noch wichtig ist. Es mag eine schmerzliche Beziehung sein, die jedoch noch nicht beendet ist.

Wenn Sie andererseits bei der Begegnung mit Ihrem Partner lediglich mit einem leichten Gefühl der Taubheit reagieren, dürfte Ihnen Ihr Körper damit signalisieren, daß die Beziehung keinerlei Bedeutung mehr für Ihr Leben hat. Die Zeit des Abschieds kann somit gekommen sein.

Falls Sie weiterhin etwas für Ihren Partner empfinden, jedoch Beziehungsprobleme bestehen, so achten Sie auf Ihrer beider Körpersprache. Da eine längere Partnerschaft nicht permanent Zeichen des Verliebtseins zeigt, sorgen Sie sich nicht über deren mögliches Fehlen. Sorgen sollten Sie sich vielmehr, wenn Sie einander körperlich oder mit den Blicken ausweichen, sich gegenseitig ins Wort fallen und Ihr Verhalten nicht mehr aufeinander abgestimmt ist. Der nonverbale Einklang ist damit nicht mehr gegeben.

Als nächstes prüfen Sie die vorhandene Energie. Eine tragfähige Beziehung führt zu Vitalität (außer bei kurzfristiger Erschöpfung), die Ihren Bewegungen Schwung und Ihrer Stimme Kraft verleiht. Falls Ihr Energieniveau in seiner Anwesenheit auf Null zurückgeht, Ihre Haltung und Gesten matt und träge werden und Ausdruckslosigkeit in Mimik und Stimme einzieht, so birgt Ihre Partnerschaft kaum noch Anreize.

Achten Sie auch auf die beiden grundlegenden Gefühlsbarometer Geruch und Geschmack. In einer abflauenden Beziehung stellt sich nicht selten ein gewisses Gefühl der Widerwärtigkeit ein. Nicht etwa der Atem Ihres Partners mag sich plötzlich verschlechtert haben, sondern seine unveränderte Geruchssignatur sagt Ihnen einfach nicht mehr zu. Richten Sie schließlich Ihr Augenmerk auch auf die Sexualität. Die Abnahme der sexuellen Aktivitäten ist in einer längeren Beziehung normal und kann unter Streß auch vorübergehend völlig eingestellt werden. Ein Zurückschrecken vor Berührung oder fehlende sexuelle Reaktionen auch während des Liebesspiels sind Warnsignale Ihres Körpers.

Läßt sich dieser Prozeß mit Hilfe der Körpersprache umkehren? Bei der Mehrzahl der aufgeführten Signale handelt es sich um die Symptome und nicht um die Ursachen eines tieferliegenden Problems. Sie zeugen von der Tatsache, daß Sie beide unvereinbare Ziele verfolgen, das Vertrauen zueinander verloren und sich für andere zu interessieren begonnen haben. Der Versuch, mit einer veränderten Körpersprache Abhilfe zu schaffen,

---

Frühe Liebe bedeutet häufige Berührungen, sexuelle Leidenschaft und intensive Blicke – unabhängig von der »Verträglichkeit« beider.

wird fruchtlos bleiben. Es sei denn, es sollte Ihnen tatsächlich gelingen, das Problem durch eine Aussprache zu lösen; denn nun werden Ihre nonverbalen Signale auf wundersame Weise wieder einen positiven Charakter annehmen. Ausgenommen dann, wenn sich Ihre Probleme auf körperliche Unstimmigkeit gründen: Sie wollen mehr kuscheln, er nicht; er beharrt auf dieser Praktik, Sie auf jener.

Und wenn Sie sich für eine Trennung entscheiden? Dann dürfte der Kampf vornehmlich mit Worten ausgefochten werden und sich speziell auf materielle Dinge beziehen. Sobald Ihre Entscheidung dann feststeht, können Sie den Trennungsprozeß durch Verzicht auf störende nonverbale Signale erleichtern. Versuchen Sie bei den notwendigen Begegnungen zu vermeiden, Ihre Gereiztheit durch hochgezogene Schultern, permanentes Stirnrunzeln, verbissenen Mund, durchdringenden Blick oder schrille Stimme zu signalisieren. Bewahren Sie nach besten Kräften Ruhe.

Wenn Sie andererseits zu viele positive Signale anbieten, glaubt Ihr Partner an ein erneutes Interesse. Sorgen Sie daher für genügend räumliche Distanz, indem Sie Barrieren aufrichten – einen Tisch im Restaurant, einen Schreibtisch im Büro; als Sitzgelegenheit wählen Sie am besten einen Stuhl mit Armlehnen. Durch Ihre Gestik, fehlenden Blickkontakt und – im Fall der Annäherung – leichtes Stirnrunzeln stecken Sie Ihr Umfeld deutlich ab. Vermitteln Sie Ihrem Gegenüber die Botschaft, daß Sie für sich sein wollen, und jeden Versöhnungsversuch vermeiden möchten.

Ist es Liebe?

Wenn Sie Glück haben, gründet sich Ihre Intimbeziehung auf wirkliche Zuneigung und Liebe. Es mag scheinen, als habe eine solche Liebe nichts mit dem körperlichen Verhalten zu tun, und man kann fragen, ob dieses Gefühl, zynisch formuliert, nicht mehr als ein märchenhafter Traum ist? Jüngere Untersuchungen zeigen jedoch, daß physiologische Reaktionen des Körpers auf den Paarbindungsprozeß hierbei eine entscheidende Rolle spielen. Man sagt schließlich nicht umsonst, daß es

zwischen zwei Menschen »funkt«, denn in der Tat reagiert dabei der gesamte Körper.

So wird im Gehirn die Substanz Phenylethylamin ausgeschüttet, die auf das Nervensystem wie eine von außen zugeführte Droge wirkt. Man wird sich seines Körpers und der Erregung zunehmend bewußt und erreicht einen Zustand ständigen Verlangens. Appetitlosigkeit, Schlaflosigkeit, Rastlosigkeit, Geistesabwesenheit, Herzrhythmusstörungen und Blutdruckschwankungen können hinzutreten. Diese Effekte werden durch das Verliebtsein ausgelöst und sind dazu da, Mann und Frau zusammenzubringen.

Wie Sie mit diesen Symptomen umgehen, hängt von Ihrer Lebenssituation ab. Wenn Sie beide frei

In einer festen Partnerschaft mag es Probleme geben, doch aufgrund der Tiefe der Beziehung bergen selbst kleine Kabbeleien Anzeichen für eine intakte Verhaltensabstimmung.

und für die Liebe aufgeschlossen sind, können Sie Ihren Instinkten folgen, und nichts steht jenen romantischen Anfängen im Wege, die so typisch für frisch Verliebte sind. Leichte Konfusheit, Energie im Überfluß und ein Hochgefühl gehören einfach dazu, denn Ihrem Körper wird durch das Gehirn tröpfchenweise die Liebesdroge eingeflößt.

Was aber, wenn es mit der Beziehung auf Gegenseitigkeit an irgendeinem Punkt hapert? Eine solche Erfahrung kann äußerst schmerzvoll sein und Ihrem Körper Qualen bereiten. Die Lösung

wäre ein Verzicht auf körpersprachliche Methoden: Am besten, Sie schlagen sich so rasch wie möglich alle Illusionen über den begehrten Partner aus dem Kopf. Daraufhin stellt das Gehirn die Produktion von Phenylethylamin ein. Nach einigen Wochen oder Monaten der »Genesung« – mit all ihren »Entzugserscheinungen« und Erschöpfungszuständen – werden Sie eines Tages aufwachen und sich wieder wohl fühlen.

Verliebtsein

Wenige Wochen oder Monate nach Beginn einer Beziehung wird Ihr Körper registrieren, daß keine Notwendigkeit mehr besteht, Sie in eine Partnerschaft zu drängen. Andere körpereigene Substanzen (Encephaline), die dabei helfen, Probleme zu mißachten und die jegliches Schmerzgefühl buchstäblich ausschalten, treten in Aktion. Ein Gefühl innerer Ruhe hält in Ihnen Einzug, so als seien Sie betäubt. Appetit und Schlaf kehren zurück, und Sie fühlen sich energiegeladen, sehr glücklich und entspannt.

Ihre Beziehung entwickelt sich aller Wahrscheinlichkeit nach positiv. Partnerschaftsprobleme oder Enttäuschungen lassen sich, ebenfalls mit Hilfe der Encephaline, bewältigen. Wie in der ersten Phase einer Freundschaft (siehe Seite 40) lernen Sie einander durch Sprache und Gesten genau kennen.

Die natürlichen, nonverbalen Paarbindungsmechanismen funktionieren reibungslos – was nicht ohne Gefahr ist, denn in dieser Phase fällt es leicht, sich aufgrund einer bloßen Stimmung zu engagieren. Der Schlüssel zum Erfolg liegt hier in Ihrer Fähigkeit, die Körpersprache unterzuordnen, denn in dieser Situation könnte sie in die Irre führen. Denken Sie statt dessen über nüchterne Fragen nach wie gemeinsame Grundüberzeugungen, Lebenseinstellungen und Zielsetzungen. Nur wenn hier alles stimmt, sollten Sie sich stärker binden.

Liebe stärken

Mehrere Monate bis Jahre nach der ersten Begegnung tritt eine dritte chemische Veränderung ein.

Wenn sich die Dinge gut entwickeln, kann man sich leisten zu spielen – liebevoll und entspannt, oft aber mit weniger sexuellen Untertönen.

Zu den Encephalinen gesellen sich die Endorphine, die ein Gefühl intensiven Wohlbehagens und anhaltender Zufriedenheit erzeugen.

In Ihrem Inneren fühlen Sie sich friedfertig und entspannt, und die nonverbale Kommunikation mit Ihrem Partner sagt Ihnen, daß alles in Ordnung ist. Gelegentliche Probleme sind für Sie kein echter Prüfstein, zudem sind Sie in der Lage, sich Lebensaspekten wie Kontaktpflege, Kindererziehung und Karriere zu widmen.

Dem Betrachter stellt sich Ihre Beziehung nunmehr eher als eine Freundschaft denn als Sexualpartnerschaft dar. Die ersten Signale der sexuellen Intimität – Blickkontakte, Berührungen und Abgrenzungssignale gegenüber Dritten – sind jetzt unwichtig: Sie benötigen sie nicht mehr zur Vergewisserung, und Ihre Mitmenschen brauchen sie nicht, um zu erkennen, daß Sie ein Paar sind.

Dennoch werden Sie sich auf einer Ebene abstimmen, wie sie sonst nur in innigsten Freundschaften erreicht wird. Dieser Abstimmungsprozeß erstreckt sich nicht allein auf Haltung, Gestik, Tonfall, Atmung und Puls, sondern auch darauf, daß Sie Ihre eigenen körpersprachlichen »Traditionen« entwickeln – kurze, Ihnen eigene Verhaltensabläufe, mithin eine bestimmte Art, in der Sie Blicke austauschen, einander abwechseln, sich küssen und sogar streiten.

Im Zuge dieser umfassenden Abstimmung können sogar ähnliche körperliche Gebrechen oder Anfälligkeiten entstehen. (Eine größere Zahl verheirateter Paare stirbt an der gleichen Krankheit!) Ihrer beider Körpersprache wird dem Betrachter wie ein Tanz ohne Worte erscheinen.

Liebe bewahren

Wie soll man sich verhalten, wenn all dies nicht eintritt? Sicher ist, daß es mit einer Beziehung durchaus zu Ende gehen kann, falls sich eine solche tiefgründige Kommunikation nicht im Laufe der Zeit

entwickelt. Wie bereits mehrfach betont, reicht es in den meisten Fällen nicht aus, eine kränkelnde oder oft sogar in den letzten Zügen liegende Beziehung durch den Einsatz von Körpersprache kurieren zu wollen.

Körpersprache ist jedoch ein geeignetes Mittel für den Erhalt der Liebe. Achten Sie von Beginn an

darauf, wie gut Sie sich aufeinander abstimmen, und schaffen Sie Anlässe, diese Fertigkeiten einzuüben.

Tun Sie Dinge gemeinsam, bei denen Sie die Verhaltensmuster Ihres Partners kennen müssen, wie etwa Sport treiben oder – als anspruchsvollste Abstimmungsaktivität – sich lieben. Lernen Sie

Ihrer beider körpersprachlichen Signale kennen (im wie außerhalb des Betts), und erforschen Sie alle Facetten dieser Signale.

Wenn alles gutgeht und Ihnen Ihre Zweisamkeit zu einem besseren mentalen Verstehen und einem besseren emotionalen Beistehen verhilft, wird sich auch Ihre Körpersprache daran ausrichten.

4

Die Körpersprache fördert Ihren beruflichen Aufstieg, denn außer nach Eignung, nach Erfahrung und Leistung wird man Sie, oft unbewußt, auch anhand verschiedener anderer Faktoren beurteilen: auf nonverbaler Ebene vor allem nach Selbstsicherheit, Kompetenz und Stärke.

Kollegialität

Die Körper- sprache im Berufsleben

Dieses Kapitel widmet sich dem Berufsleben. Es handelt vom Arbeitsumfeld und der Kleiderordnung sowie davon, wie man das System am besten nutzt, wie man Körpersprache zur Erlangung des beruflichen Wohlbefindens einsetzt, und wie man mit Kollegen und Vorgesetzten besser zurechtkommt. Am Ende stehen die Schwerpunkte Besprechung, Kunde und Vorstellungsgespräch. Außerdem wird gezeigt, wie Sie Ihren beruflichen Aufstieg mittels Körpersprache verbessern können.

Signale am Arbeitsplatz

Die meisten Firmen gestalten ihr Arbeitsumfeld bewußt oder unbewußt so, daß es das beabsichtigte Arbeitsethos widerspiegelt. Daraufhin schaffen die Arbeitnehmer eine besondere Atmosphäre, indem sie die einzelnen Arbeitsplätze so arrangieren, daß sie auf sie zugeschnitten sind und ihre Einstellungen widerspiegeln. Beruflicher Erfolg setzt voraus, daß Sie diesen »Stil des Hauses« entschlüsseln und sich ihm anpassen.

Um den ersten Eindruck zu ermitteln, den ein Unternehmen zu erzeugen sucht, betrachten Sie

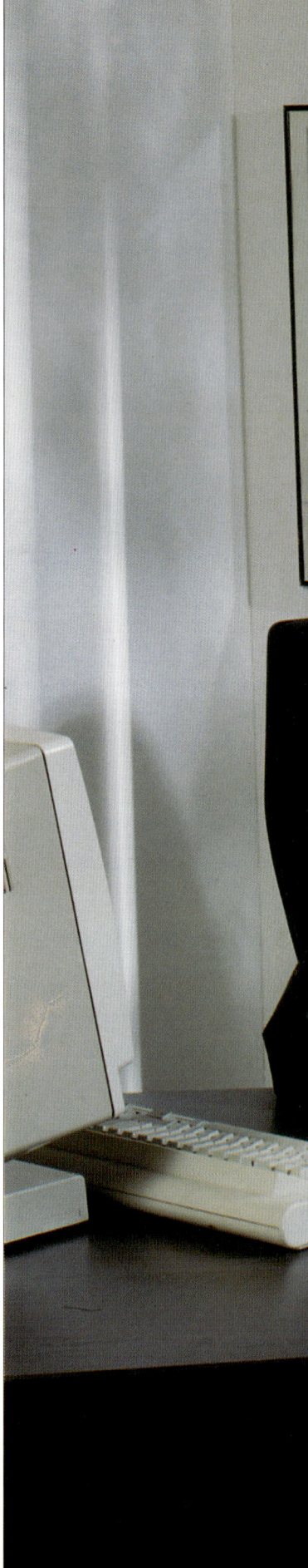

Hohe Decken und ein langer Flur deuten die Größe der Firma an, während moderne Kunst und designorientierte Möbel signalisieren, daß die Firma Geschmack hat und es sich leisten kann, Geld dafür auszugeben. Die als deutliche Barriere gestaltete Rezeption verbreitet ein Gefühl von Autorität; sie repräsentiert, daß es hier hierarchisch zugeht.

zunächst die Lage und Architektur der Gebäude. Zeitgemäß und modern? Oder eher klassisch und traditionell? Funktional oder designorientiert? Ökonomisch oder verschwenderisch?

Anhand der Gestaltung der Gebäudeeingänge erfahren Sie etwas darüber, wie das Unternehmen seine Kunden oder Klienten sieht. Gibt es eine kasernenartige Umzäunung mit Sicherheitspersonal, das sich gegenüber Außenstehenden wie Belegschaft abweisend gebärdet? Ist das Foyer karg und menschenleer? Betont es mehr die Außen- als die Innenwelt? Anhand der Zahlenstärke des Empfangspersonals und seiner Körpersprache läßt sich erahnen, wie viele Besucher täglich vorsprechen und wie wichtig sie dem Unternehmen sind.

Innerhalb des Gebäudes läßt sich manches über die Unternehmensstruktur in Erfahrung bringen. Eine statusbewußte Firma bringt die hierarchische Gliederung mittels getrennter Kantinen und Toiletten für Personal und Direktion klar zum Ausdruck. Ihre Top Manager verfügen über größere Büros und erlesenere Büromöbel, die ihre Individualität und Privatheit betonen. Um hier zum Erfolg zu

gelangen, müssen Sie Ihre Körpersprache auf diese Untergliederung abstimmen, indem Sie gegenüber Vorgesetzten förmlich und gegenüber Untergebenen bestimmt auftreten. Kennzeichen für ein demokratischer eingestelltes Unternehmen sind Großraumbüros, die den Zusammenhalt fördern sollen, einheitliche Möblierung ohne Machtsymbole und die Gewährung privaten Raumes ausschließlich für private Besprechungen.

Verschiedene Abstufungen zwischen diesen beiden Extremen sind denkbar. So kann es sich herausstellen, daß Männer mehr gelten als Frauen, da sie größere Büros und Toiletten und mehr Sonderzonen für typisch männliche Aktivitäten haben. Das Gegenteil findet sich oft bei Firmen mit mehrheitlich weiblicher Belegschaft oder überwiegend familiärer Kundschaft.

Ein besonders interessantes Signal ist die Computerausstattung der einzelnen Beschäftigten. In altbackenen Firmen finden sich meist Schreibtische mit einem älteren Computer. In technologisch aufgeschlosseneren Firmen hat das Kreativteam wahrscheinlich die größten Bildschirme, sämtliche Manager verfügen über einen Terminal, und der Chef besteht durchweg auf der neusten Software. Wenn Sie sich für eine neue Firma interessieren, sollten Sie darauf achten, daß Ihre EDV-Kenntnisse auf die entsprechende Unternehmensphilosophie zugeschnitten sind. Falls Sie gern und gut mit Computern umgehen, wählen Sie eine Firma, in der man Sie deswegen schätzt. In einer anderen Firma jedoch sollten Sie ihre Fachkenntnisse »vergessen«, anderenfalls kann Ihre Vertrautheit mit PC-Tastaturen gewissermaßen durch die Hintertür dazu führen, daß Sie beruflich unter Ihren Möglichkeiten eingesetzt werden.

DER ARBEITSPLATZ Akzeptieren Sie Ihren neuen Arbeitsplatz niemals so, wie ihn Ihr Vorgänger zurückgelassen hat. Auch wenn Sie in einer Besenkammer arbeiten müssen und keine Gelegenheit für einen Austausch der Einheitsmöbel besteht, können Sie immer noch Ihre nonverbale Meinung abgeben.

Kolleg_ialität_

Sorgen Sie möglichst dafür, daß Sie in der Nähe Ihrer unmittelbaren Kollegen plaziert sind, und treffen Sie mit der Ortswahl eine Aussage über Ihre Arbeitsbündnisse. Sorgen Sie für ausreichende Bewegungsfreiheit. Ihr Büro wirkt größer, wenn Sie überflüssiges Mobiliar rigoros entfernen, Ordnung halten und ein bis zwei Wandspiegel anbringen. Eine solche Rarität – sie vergrößert Ihr Büro – kann Eindruck schinden, aber auch kalt wirken. Falls Sie daher das Ziel verfolgen, Häuslichkeit zu erzeugen, so unterteilen Sie den Raum in einzelne Funktionsbereiche, oder gruppieren Sie die Möbel um Ihren Schreibtisch herum, um zumindest einen Hauch von Behaglichkeit zu erwecken.

Achten Sie auch auf die Zweckmäßigkeit des Arbeitsplatzes. Damit Sie Ihre Produktivität bewahren können, sollte etwas Tageslicht vorhanden sein. Eine Raumtemperatur von 18 bis 20 °C erzeugt Wachheit, aber noch kein Frösteln; Untersuchungen haben ergeben, daß zu hohe Temperaturen am Arbeitsplatz zu einem gereizten Umgang miteinander führen. Ein zu hoher Geräuschpegel beeinträchtigt Ihr Konzentrationsvermögen nicht nur kurzfristig, sondern auch dann noch, wenn Sie glauben, sich daran gewöhnt zu haben. Falls es Ihnen zu laut ist, sollten Sie Ohrstöpsel verwenden. Bei der Bewältigung von Routineaufgaben, die keine stärkere Konzentration erfordern, kann ein Walkman zum Einsatz kommen. Musik bei der Arbeit wirkt der Langeweile entgegen – eine Tatsache, der in zahlreichen Fabriken bereits erfolgreich Rechnung getragen wird.

Arbeitsplatzgestaltung nach dem Legebatterien-Prinzip. Jeder Angestellte verfügt über einen eigenen, knapp bemessenen Platz, der weitgehend durch High-Tech-Ausrüstung eingenommen wird. Der Raum ist riesig, recht dunkel, schwül, überfüllt und aufgeräumt. Die einzelnen Schreibtische – oder Mitarbeiter – sind kaum voneinander zu unterscheiden. Diese Firma verlangt hohe Leistung, die jedoch nicht viel Einzelinitiative und Kollegialität zuläßt.

Die Farben Blau und Weiß signalisieren Schlagkraft, aber auch Mitgefühl und werden daher oft in Arztpraxen verwendet. Das weiße Schwesternhäubchen ist ein Überbleibsel aus jenen Zeiten, da die Haare der Frauen aus hygienischen Gründen im Zaum gehalten werden mußten.

Wo Nahrungsmittel im Spiel sind, stoßen wir wiederum auf das Häubchen. Die Farben sind jedoch dunkler oder kräftiger und signalisieren Dienstbarkeit. Die Einheitstracht der Restaurantbedienungen ist ein Spiegelbild vergangener Jahrhunderte – einschließlich der heute rein dekorativen Schürze.

Prüfen Sie sodann die Gestaltung Ihres Arbeitsplatzes. Bietet er Ihnen geeignete Freiräume zum Telefonieren, ungestörten Nachdenken und für Besprechungen im Kollegenkreis? Ermöglicht er tatsächlich die erforderliche Privatheit? Auch wenn Sie kein Büro für sich haben, können Sie Computer oder Möbel so plazieren, daß Sie andere abschrekken, sich zu einem Schwätzchen bei Ihnen einzunisten. Falls Sie hingegen ansprechbar sein wollen, richten Sie Ihren Schreibtisch längs aus, sorgen Sie für einen deutlich erkennbaren Zugang und schaffen Sie mit einer nicht frontal plazierten Sitzgelegenheit eine freundliche Atmosphäre.

Achten Sie auch darauf, daß Ihr Arbeitsplatz eine ausreichende Größe hat und daß Ihr Schreibtischsessel ergonomisch geformt ist, um Rückenbeschwerden aus dem Weg zu gehen. Alle Arbeitsmittel (Akten, Geräte etc.) müssen in Reichweite sein und gut funktionieren. (Falls nicht und falls Ihre Firma nicht für angemessenen Ersatz sorgt,

sollten Sie eine private Anschaffung erwägen). Sorgen Sie dafür, daß Ihr Arbeitsplatz Ordnung ausstrahlt. Ein überladener Schreibtisch wirkt auf Vorgesetzte, Kollegen und Mitarbeiter nicht gerade vertrauenerweckend. Regale, Schubladen, Ordner und ein gutes Ablagesystem tun gute Dienste. Auch wenn Sie nicht alle Aktenstapel haben durcharbeiten können: Sorgen Sie vor Dienstschluß zumindest dafür, ein ordentliches Bild zu hinterlassen.

Verleihen Sie Ihrem Arbeitsplatz schließlich den Hauch einer persönlichen Note. Ein Bild, eine Vase oder ein Erinnerungsstück an eines Ihrer früheren Projekte kämen hier in Frage – nichts zu Intimes, jedoch nonverbale Hinweise auf Dinge, die wichtig für Sie sind. Ein solcher persönlicher Touch vermittelt Identifikation mit Ihrer Arbeit.

Beeindrucken

Ihre Kleidung im Beruf verrät etwas über Ihre Persönlichkeit. Vielleicht soll sie Ihrem Vorgesetzten

Dienstkleidung: Die Kombination von Sakko, Hemd und Krawatte erscheint beim Mann standardisiert, obwohl in puncto Zuschnitt, Material und Muster je nach Unternehmen Unterschiede bestehen. Die Dienstkleidung der Frauen umfaßt ein vergleichsweise breiteres Spektrum.

Seit sie nicht mehr allein die Arbeitskleidung des Durchschnittsamerikaners ist und zum Modeartikel der Flower-power-Generation wurde, verkörpert die Jeans eine Freizeit- »uniform« und wird heute, kombiniert mit einem schicken Sakko, in vielen Berufen als halbformelle Kleidung akzeptiert.

mitteilen, daß Sie mit einer Beförderung rechnen, oder Ihren Kollegen, daß Sie ein freundlicher Mensch sind. Oder sie dient dazu, einem Kunden zu versichern, daß Sie wissen, wovon Sie reden. Es ist daher ratsam, daß Sie Ihre Kleidung (einschließlich der Accessoires, Aufmachung und Frisur) auf Ihre Zielsetzungen abstimmen.

Legen Sie als Frau Wert darauf, Macht und Autorität zu verkörpern, vielleicht weil Sie einen Kunden beeinflussen oder als Freiberuflerin ernstgenommen werden wollen? Dann sollten Sie Schulterpolster tragen. Zwar sind sie etwas aus der Mode gekommen, doch ändert dies nichts an der Tatsache, daß Sie auf einige nonverbale Sinnbilder der Männlichkeit angewiesen sind, um Macht zu verkörpern. Entscheidend sind aufeinander abgestimmte Formen und Farben und das Tragen einer an den klassischen Anzug erinnernden Kombination von dunkler oder gedämpfter Farbgebung mit stilvollen Accessoires. Make-up und Frisur sollten

Ausnahmslos freizeitorientierte Kleidung, wie die hier abgebildete, wird nur in wenigen Berufen akzeptiert, gilt dann aber trotzdem als eine Art »Uniform«.

weder zu sehr ins Maskuline noch ins Feminine gehen. Sollten Sie als Frau ein kooperatives Verhältnis anstreben, so wählen Sie eine an femininen Attributen reichere Kleidung. Ein Rock ist ein solches universelles Symbol. Auch weitgeschnittene Hosen kommen in Frage. Wichtig sind auf jeden Fall ruhige, fließende Formen, die Lockerheit und Zugänglichkeit signalisieren. In unserer heutigen Kultur sind kräftige Farben bei Kleidung und Accessoires ein Symbol für Weiblichkeit. Ein weiteres wichtiges Signal ist wallendes Haar sowie Make-up, um die Augen und Lippen zu betonen; zu grelle Farben verwischen jedoch die Grenze zwischen Weiblichkeit und platter Sexualität.

STILISTISCHE AUSSAGEN Ihr Beruf kann es mit sich bringen, daß Sie einen kenntnisreichen Eindruck erzeugen müssen. Hierzu bedienen Sie sich am besten der Symbole jener Berufe, die ausschließlich mit einer schwarzen oder weißen Kleidung verknüpft sind. Schwarz steht für Expertentum und Intellektualität, da es mit Kirche und Gesetz assoziiert wird, Weiß signalisiert aufgrund der Verknüpfung mit dem medizinischen Sektor Weisheit und Mitgefühl – eine Erkenntnis, die bis in den Drogerie- und Kosmetikbereich abstrahlt. Zur Unterstützung Ihrer nonverbalen Botschaft sollten Sie mit geschlechtsspezifischen Symbolen zurückhaltend sein. Kämmen Sie das Haar straff zurück, verwenden Sie schlichte Accessoires und ein natürlich wirkendes, unaufdringliches Make-up.

Besonders wenn Sie im Dienstleistungssektor tätig sind, werden Sie eine gewisse Unverwechselbarkeit anstreben müssen. In diesem Fall wählen Sie für Ihre Kleidung dunkle Farben wie Flaschengrün oder Marineblau, mit weißen Manschetten und Kragen. Zuschnitt und Rocklänge sollten sich am bestehenden Standard und somit an der Tatsache orientieren, daß die meisten Einheitsklüften nicht hochmodern sein können, weil sie zugleich zeitlos sein müssen. Der mit der Dienstkleidung angedeutete Grundstil, der Sie deutlich als Angestellte und nicht als Kundin ausweist, sollte sich auch in puncto Frisur und Accessoires fortsetzen.

Dieser letzte Punkt ist von besonderer Bedeutung, sofern Sie einen vorgeschriebenen Einheitsdreß tragen: Wenn Sie der Dienstleistungsbotschaft, die einer solchen Kleidung innewohnt, mit protzigem Schmuck oder aufdringlichem Make-up widersprechen, erzeugen Sie beim Kunden wie auch bei Ihrem Chef entsprechende Irritationen.

All diese Ziele – Macht, Bezug, Sexualität, Expertentum, Identifizierbarkeit – werden mit ziemlicher Wahrscheinlichkeit in jedem Beruf zusammenkommen. Schließlich werden Sie einflußreich, doch zugänglich oder versiert, zugleich aber auch feminin erscheinen wollen. Die optimale Wirkung erzielen Sie mit einer Mischung der Stile. Untersuchungen des Geschäftslebens haben beispielsweise gezeigt, daß Frauen mit einem extrem maskulinen oder femininen Image weniger positiv beurteilt werden als Frauen, die beides kombinieren, indem sie sich in einem gemusterten, jedoch in warmen Farben gehaltenen Kostüm, dezentem Make-up und elegantem Schmuck präsentieren.

DEN KLEIDUNGSCODE KNACKEN Bevor Sie sich für einen persönlichen Stil entscheiden, berücksichtigen Sie auch die in Ihrer Firma geltende ungeschriebene Kleiderordnung. Wie auch der architektonische »Stil des Hauses« fußen diese Symbole auf Vorgaben seitens der Vorgesetzten (keine Jeans – strenge Frisur), die daraufhin von den Mitarbeitern ausgebaut und umgesetzt werden (schwarze Kleidung – Dauerwelle). Machen Sie sich diesen Code zueigen, es sei denn, Sie wollten Ihren Vorgesetzten die nonverbale Botschaft der Gleichgültigkeit vermitteln und Ihren Kollegen signalisieren, Sie gehörten nicht zum Team.

Ein solcher verbindlicher Code läßt sich leicht befolgen. Erkundigen Sie sich notfalls beim Büroleiter oder im Personalbüro danach. Informelle schriftliche Kleiderordnungen existieren hingegen niemals. Sie sind ohnehin je nach Berufsgruppe, Unternehmen, Abteilung, Altersgruppe und Rang verschieden. Das rechte Maß sollten Sie selber herausfinden, zumal es für Ihre Kollegen ebenso bedrohlich wirkt, wenn Sie sich zu sehr in Schale werfen, wie es für das Management unangenehm ist, wenn Ihre Kleidung zu sehr nach Freizeitlook aussieht. Im Schulungsbereich etwa oder auf der mittleren Führungsebene ist der sprichwörtliche »dunkle Anzug« weiterhin oft unverzichtbar.

Indessen gibt es auch Berufsfelder wie Werbung oder Mode, in denen man »bis aufs Komma« zeitgemäß gekleidet sein muß, wenn man nicht untergehen will.

Um die ungeschriebende Kleiderordnung einhalten zu können, sollten Sie auf folgende Fragen eine präzise Antwort finden: Welche Art Kleidung wird getragen – Röcke, Hosen, Kostüme, Kleider? Wie formell oder informell ist die Kleidung, wie modern ist sie, und welche Farben werden bevorzugt? Wie oft erfolgt ein »Modellwechsel«, und kann dasselbe Kleidungsstück an zwei aufeinanderfolgenden Tagen getragen werden? Welche Art von Schuhen wird getragen? Wieviel Schmuck welcher Preislage und Extra-

vaganz ist vorzufinden? Welche Frisuren, Haarlängen und Tönungen werden bevorzugt? Make-up? Falls ja, welches? Beim Neuantritt einer Arbeitsstelle kann es für Sie vorteilhaft sein, diese Details im Gedächtnis zu speichern, bis Sie den Geheimcode zu durchschauen beginnen.

Wohlbefinden am Arbeitsplatz

Es versteht sich, daß eine positive Gefühlslage der Arbeit förderlich ist. Wenn Ihre Körpersprache »Mißstimmung« signalisiert, werden Ihre Kollegen Sie für lustlos halten. Ein solcher Mitspieler mag sich später bei der Beförderung übergangen fühlen.

Eine Aufgabe, doch zwei unterschiedliche Reaktionen. _Rechts:_ **Martins selbstsicheres Auftreten zeigt sich anhand der entspannten Haltung und Zugewandtheit zur Aufgabe. Thomas jedoch schaut in die Ferne, als wolle er die Nervosität kaschieren, die durch seine Haltung und seinen Blick angedeutet wird.**

Wenn wir tatsächlich motiviert sind, wenden wir uns einer Sache ganz natürlich zu. Ausladende Gesten und die klassischen »großen Augen« signalisieren unsere Neugier. Sind wir jedoch frustriert, so ziehen wir uns zurück. Unsere Gesten werden knapper, der Kopf wendet sich ab. Leerer Ausdruck, Stirnrunzeln und Trostgesten treten hinzu.

Jüngere sportpsychologische Studien gehen davon aus, daß sich die Stimmung durch nonverbale Techniken verändern läßt. Mit Hilfe dieser Methoden erzielen Sie eine spontane Veränderung Ihrer Körpersprache, und zumindest eine Zeitlang werden Sie weder schlecht gestimmt sein, noch dies nicht-sprachlich zum Ausdruck bringen.

Ist Ihnen jemals das Herz in die Hosentasche gerutscht, etwa vor einer wichtigen Besprechung oder während eines entscheidenden Projekts? Zeichen der Unsicherheit sind ein Signal an Ihre Umgebung, daß Sie mit einer Situation nicht fertigwerden können. Noch ehe der Mensch die ersten Worte sprach, bekundete er seine Hilflosigkeit durch Paniksignale. Heutzutage verwenden wir eine abgeschwächte Fassung solcher Signale: fahrige Gesten, zitterige Stimme, Stottern, trockener Mund, Hautblässe und schlechte Koordination. Falls Ihre Unsicherheit unbegründet ist, Sie sich also in einer Sache auskennen und es Ihnen allein am Glauben an sich selbst mangelt, sollten Sie folgende Strategie versuchen.

Erinnern Sie sich zunächst an eine Situation, in der Sie sehr selbstsicher waren – in der Sie wußten, daß Sie etwas schaffen können und dies auch in die Tat umsetzten. Vergegenwärtigen Sie sich, was Sie damals sahen, hörten und fühlten. Diese mentale Übung erinnert Ihren Körper daran, wie sich Selbstsicherheit anfühlt. Wenn dann die vollständige Erinnerung einsetzt, werden Sie darauf vermutlich mit Entspanntheit, regelmäßiger Atmung und später mit Konzentration reagieren.

Übertreiben Sie das aufkommende Gefühl ein wenig. Suchen Sie einen festen Stand, und atmen Sie tief und entspannt. Spüren Sie, wie sich Ihr Puls verlangsamt; stellen Sie sich vor, wie das Adrenalin zurückgeht, und fühlen Sie, wie Ihr Mund wieder feucht wird. Möglicherweise werden Sie etwas laut aussprechen wollen, etwa indem Sie von eins bis zehn zählen, um einen Rest Unsicherheit aus Ihrer Stimme zu entfernen.

Durch stetes Wiederholen dieser Übung schulen Sie Ihren Körper, mit Selbstvertrauen zu reagieren, wenn es wirklich einmal darauf ankommt. Sobald Sie wissen, daß Sie diesen Zustand abrufen können, fügen Sie eine kurze Bewegung als Gedächtnisstütze hinzu, etwa ein tiefes Einatmen oder »Stillgestanden«. Mit Hilfe dieser Bewegung können Sie später je nach Bedarf den Übergang zur Selbstsicherheit auslösen und sich die erforderliche Körpersprache ins Gedächtnis zurückrufen.

Doch Vorsicht! Diese »Selbstermahnung« ist nur dann hilfreich, wenn Sie die erforderlichen Fähigkeiten auch tatsächlich besitzen, sie aber nur zeitweilig vergessen haben. Zwingen Sie sich nicht zu selbstsicherem Auftreten, wenn Sie eigentlich nervös sein sollten, etwa bei unzureichender Vorbereitung oder Qualifikation.

MOTIVIERUNG Während die selbstsichere Körpersprache ihre Wurzeln in Entspanntheit und Stabilität hat, geht es bei der nicht-sprachlichen Motivierung um Wachheit und Tatkraft. Ständige berufliche Frustration ist dabei eher ein Fall für den Berufsberater als für die Körpersprache. Falls es aber für Sie darum geht, eine langweilige Schulung oder die letzte halbe Stunde einer öden Besprechung zu überstehen, können Sie – ähnlich wie beim Beispiel der Selbstsicherheit – Ihren Körper veranlassen, Sie mit Vitalität zu versorgen.

Sie wissen schon, wann Sie motiviert sind: Adrenalin wird freigesetzt und schafft neue Energien. Sie sind ganz Auge und Ohr, zeigen eine aufrechte, stabile und konzentrierte Körperhaltung, und Ihre Gesten werden selbstsicher und markant. Sollten Sie aber das Gegenteil bei sich feststellen – träges Herumsitzen, unterdrücktes Gähnen, umherschweifender Blick –, ist Bewegung und Energiefluß die erste Devise.

Finden Sie zunächst einen Vorwand, den Raum verlassen zu dürfen. (Verweisen Sie notfalls auf ein dringendes Bedürfnis). Beginnen Sie, sich zu bewegen, sobald Sie allein sind. Ihr Herumtoben im Geschäftsanzug mag lächerlich erscheinen; wie aber würden Sie dastehen, wenn Ihnen der Vertragsabschluß durch die Lappen ginge? Bleiben Sie ständig in Bewegung, zwar nicht unbedingt, bis Ihnen der Schweiß auf der Stirn steht, doch zumindest, bis Sie einen merklich erhöhten Puls haben. Ein bewährtes Mittel, um den Kreislauf anzuregen, ist eiskaltes Wasser, das Sie über Handgelenke und Nacken fließen lassen.

Wenn Sie in die Besprechung oder Schulung zurückgekehrt sind, verwenden Sie für eine »motivierte« Körpersprache die gleiche Strategie wie weiter oben in puncto Selbstsicherheit beschrieben. Fördern Sie Signale der Entspannung zutage, indem Sie sich interessiert in Ihrem Sessel nach vorn lehnen und die Beine unter den Sitz schwenken.

Bei entsprechender Übung werden Sie eines Tages auch in der Lage sein, sich beinahe auf Kommando zu motivieren. Ein bestimmter »Auslöser« ist hier ebenfalls hilfreich – eine Geste wie etwa eine geballte Faust oder ein Fingerschnippen, das Sie an eine frühere Motivation erinnern soll.

STRESS ERTRAGEN Sodbrennen, unregelmäßige Atmung und Herzrasen sind untrügliche Zeichen. Falls dies Ihre ständigen Begleiter sind, benötigen Sie ein Programm zur langfristigen Streßbewälti-

Leos Streßreaktion zeigt sich in seiner angespannten Haltung. Die rechte Hand ist zu einer typischen Trostgeste erstarrt. Die linke Hand hat soeben den Hörer auf die Gabel gewuchtet – wie überhaupt Gegenstände häufiger als »Sündenbock« herhalten müssen. Sein etwas ins Leere gehender Blick signalisiert, daß er an etwas denkt – aber an nichts Gutes, wie seine Mimik nahelegt.

Dieses Telefonat verlief positiv. Leos entspannter Gesichtsausdruck und sein Schmunzeln signalisieren eine gute Stimmung; der konzentrierter wirkende Blick zeigt, daß seine Gedanken mit einer bevorstehenden Aufgabe beschäftigt sind.

Rita (ganz links) bemüht sich um die Aufmerksamkeit von Paul (an den Tisch gelehnt). Der aber plaudert bloß freundschaftlich – mit Karin. Martin (im Vordergrund) weist nonverbal ganz auf Rita. Was mag Thomas hinter vorgehaltener Hand wohl für sich behalten?

gung, das Sie dazu ermutigt, Ihre Lebensweise vollkommen umzustellen. Gelegentliche Streßzustände hingegen lassen sich mit Hilfe körpersprachlicher Techniken bewältigen.

Wenn Sie sich gestreßt fühlen – vielleicht durch eine plötzlich eintreffende schlechte Nachricht oder weil sich den ganzen Tag über eine Anspannung in Ihnen aufgebaut hat –, suchen Sie zunächst einen Ort auf, an dem Sie ungestört sind. Oder Sie schließen die Bürotür und nehmen den Hörer von der Gabel. Wählen Sie eine bequeme Sitzposition (oder legen Sie sich auf den Boden), und nehmen Sie sich fünf Minuten nur für sich Zeit.

Es kann hilfreich sein, sich an eine frühere Phase der Entspannung zu erinnern oder sich einen bestimmten Ort vorzustellen – eine tropische Insel, eine Landschaft oder ein heißes Wannenbad. Ihr gesamter Körper soll sich entspannen. Dies erreichen Sie zum Beispiel, indem Sie sich nacheinander auf die einzelnen Körperteile konzentrieren: von den Füßen über Beine, Becken, Bauch und Brust

bis zu den Schultern und hinab zu den Armen und Händen, und wieder zurück über Nacken und Kopf. Währenddessen sollten Sie tief atmen und langsam von eins bis zehn zählen.

Bleiben Sie danach für einige Minuten still liegen, und konzentrieren Sie sich auf Ihre Atmung, bevor Sie mit dem Rückwärtszählen beginnen und langsam wieder ins Hier und Jetzt zurückkehren. Nehmen Sie diese Entspannungsübung möglichst oft in Ihr Tagesprogramm auf, und weisen Sie ihr einen festen Ort in Ihrem Gedächtnis zu. Bei ausreichender Übung genügt bereits ein langsames Zählen von eins bis zehn, um den Körper auch dann zu entspannen, wenn keine Gelegenheit zur Durchführung der gesamten Sequenz besteht.

Zwei »Sozialpaare« – Rita und Martin sowie Paul und Thomas – schirmen sich durch Körperhaltung und Blickkontakt ab. Johanna (ganz links) signalisiert mit ihrer »Mädcheninternatshaltung«, daß sie sich unwohl fühlt; vielleicht weil sie neu hinzugekommen ist.

Die drei in diesem Abschnitt aufgeführten Techniken sind nicht geeignet, einen tiefgreifenden Persönlichkeitswandel oder die Lösung all Ihrer Probleme zu gestatten. Falls Ihnen aber daran gelegen sein sollte, ein Projekt frohen Mutes zum Abschluß zu bringen, eine Besprechung schlaflos zu überstehen oder einen Tag ohne Wutausbruch zu erleben, können diese körpersprachlichen Kniffe hilfreich sein.

Mit Kollegen zurechtkommen

Ein Großteil der beruflichen Herausforderungen besteht darin, daß sich mit der Zeit Bündnisse, Feindschaften und Machtspiele entwickeln, deren erfolgreiche Handhabung einen entsprechenden Durchblick voraussetzt. Da derartige Dinge jedoch nur selten ohne Unvoreingenommenheit besprochen werden, kann Körpersprache Ihre einzige echte Erkenntnisquelle sein.

Als erstes ist die bestehende Hackordnung zu analysieren, d.h. die Rangordnung zwischen Ihnen und Ihren Kollegen. Sie hängt ganz von der jeweiligen Bewertungsgrundlage ab: Dauer der Zugehörigkeit oder Rang, Höhe des Gehalts, Ehestand, Talent, Modebewußtsein oder gar Zugehörigkeit zum männlichen Geschlecht.

Ihre Position innerhalb der bestehenden Hackordnung können Sie durch Beobachten ermitteln. Je höher Sie rangieren, desto mehr Menschen werden Ihnen zuhören. Wenn Sie sich äußern, werden Ihnen die unter Ihnen Rangierenden Aufmerksamkeit schenken, die höher angesiedelten Kollegen jedoch werden sich in der Lage fühlen, Sie zu unterbrechen. Je höher Ihr Rang ist, desto mehr Kollegen werden Ihnen zustimmen, Ihre Ausführungen mit einem Kopfnicken quittieren und Ihre Vorschläge annehmen. Männer tendieren dagegen oftmals dazu, auch dann »von oben« einzugreifen, wenn sie nicht der formelle Vorgesetzte einer Frau sind. Wehren Sie sich, falls Ihnen dies als Frau ständig passiert.

AUF WELCHER SEITE STEHEN SIE? Berücksichtigen Sie neben der bestehenden Hackordnung auch eventuelle Bündnisse und Freundschaften. Achten Sie auf die klassischen Anzeichen wie häufiges Zusammensein, freudige Begegnung, längere Blickkontakte sowie abgestimmtes und spiegelbildliches Verhalten. Bei Freundschaften, die ein ganzes Team oder eine komplette Abteilung durchziehen, sollten Sie auf Erkennungszeichen in Form ähnlicher Kleidung oder die Bevorzugung bestimmter Lokale achten.

Falls Sie sich einem Bündnis anzuschließen beabsichtigen, befolgen Sie die Anregungen für das Knüpfen von Freundschaften (Seite 43). Die Aufnahmefrist kann durch die räumliche Nähe des Arbeitsplatzes und die Gleichartigkeit der Tätigkeit, die eine tiefgehende nonverbale Abstimmung bewirkt, erheblich verkürzt werden. Auch die in diesem Buch zu den Themen Bezug, Gedankenlesen und Entschlüsseln der Persönlichkeit gegebenen Empfehlungen (jeweils ab Seite 24, 30 und 34) können diesen Prozeß fördern. Seien Sie sich jedoch der Tatsache bewußt, daß Arbeitsbündnisse, die nicht selten seit Jahren bestehen, selbst den beständigsten Freundeskreis (Seite 43) an Abschottung übertreffen. Machen Sie sich also darauf gefaßt, eine Zeitlang während der Kaffeepause still dazusitzen, in das einen Witz quittierende Lachen der anderen einzufallen und nach Dienstschluß in das Lieblingslokal der Gruppe einzukehren, bevor Sie voll integriert werden.

Falls Sie – aufgrund von Neid, Konkurrenzverhalten oder mangelnder Eignung – nicht von den Kollegen akzeptiert werden, ist dies nicht immer leicht erkennbar, da offene Feindseligkeit in einem Umfeld, das tagtägliche Zusammenarbeit verlangt, gesellschaftlich nicht akzeptiert wird. Sollten sich die Dinge für Sie aus unerklärlichen Gründen

schlecht entwickeln, so halten Sie nach »Leckstellen« Ausschau, etwa so, daß ein freundlicher Ausdruck plötzlich durch eine versteckte negative Emotion unterbrochen wird. Wut wird von Männern schneller offenbart als von Frauen, die in der Regel eher Mitgefühl oder Bedauern durchscheinen las-

Kolleg_ialität_

sen. Machen Sie sich also darauf gefaßt, mit Neid konfrontiert zu sein, wenn Sie nach erfolgreicher Durchführung eines Projekts das Glückwunschlächeln eines Kollegen für einen Augenblick von einer verbitterten Mundbewegung durchkreuzt sehen. Wenn jemand Ihre Leistung mit der eines

Johanna fühlt sich merklich wohler. Martins aufdringliche Haltung veranlaßt sie jedoch, ihn abzublocken. Zwischen Rita und Karin gibt es Spannungen, wie sich aus ihren verkrampften Haltungen und abweisenden Blicken ersehen läßt. Per Armblockade und gesenktem Kopf signalisiert Paul (rechts), daß er in seine Arbeit vertieft ist.

anderen vergleicht und diese Person schlagartig einen verbissenen, aggressiven Ausdruck annimmt, steht Ihr Konkurrent vor Ihnen. Und falls Sie, nachdem Sie einen Witz zum besten gegeben haben, unter den lachenden Gesichtern eines erblicken, dessen Blick höhnisch zum Himmel gerichtet ist, haben Sie einen Feind ausgemacht.

Sollten Sie derartige Dinge feststellen, wird sich Ihre Zusammenarbeit mit diesen Personen schwierig gestalten. Abhilfe tut Not. Eine gegen Sie eingestellte Gruppe sollten Sie zunächst ignorieren. Das Motto lautet »teile und erobere« – der Umgang mit einzelnen Widersachern fällt einfach leichter. Während Sie im Einzelgespräch über ein Projekt diskutieren, können Sie all Ihre bezugbildenden Fähigkeiten einsetzen, bis Sie Abstimmung und Wechselspiel Ihrer beider Körpersprachen erreichen. Auf diese Weise vermitteln Sie die stillschweigende Botschaft »Wir sind uns ähnlich, und ich möchte, daß wir gut miteinander auskommen«.

Ohne zu wissen warum, wird Ihr Widersacher Ihnen ein etwas positiveres Gefühl entgegenbringen. Und je besser Sie sich mit ihm abstimmen, werden auch Sie – ebenfalls unbewußt – mehr Sympathien für Ihr Gegenüber empfinden. Bedingt durch Vererbung und Erziehung fällt die Abstimmung mit gleichgeschlechtlichen Kollegen leichter.

LIEBE AM ARBEITSPLATZ Ein oft diskutiertes Thema: »Sex im Büro«? Wer sich zu wem hingezogen fühlt, erkennen Sie anhand des Präsentierverhaltens (siehe Scite 58), auch wenn die entsprechenden Signale durch das berufliche Umfeld leicht verfälscht werden. Speziell Flirtsignale von Frauen sind hier nicht annähernd so auffällig wie im geselligen Umfeld. Wenn das Werben jedoch zu einer echten Beziehung geführt hat, kehrt sich das Verhältnis um, und sie läßt ihren Gefühlen freien Lauf. Sie fühlt sich sicherer, während er sich weniger auffällig verhält, da er sein Ziel ja schließlich erreicht

Sexuelle Belästigung am Arbeitsplatz ist nicht hinnehmbar. Sollte sie dennoch vorkommen, reicht ein besänftigendes Lächeln nicht aus (linkes Foto). Eine bessere Form der Abschreckung ist es, sich dem Akteur zu stellen, ihm mit fester, ernster Miene zu begegnen und ihm mit ein paar passenden Worten zu vermitteln, daß Sie keine weiteren Annäherungen wünschen (siehe das rechte Foto).

hat. Wenn sie beginnt, ihn ständig anzuschauen und er aufhört, sie anzuhimmeln, heißt das nicht selten, daß Sex auf der Tagesordnung steht.

`Falls Sie selbst in einer Büroromanze stecken und sie zu verheimlichen suchen, sollten Sie darauf achten, daß Ihre Körpersprache Freundlichkeit signalisiert – und nicht etwa plötzliche Leidenschaft oder Feindseligkeit (zwei ungeheuer verräterische Eigenschaften). Erinnern Sie sich statt dessen, wie Sie zuvor mit Ihrem Partner umgegangen sind, und verhalten Sie sich entsprechend. Stellen Sie sicher, daß Ihre Körpersprache »kollegial« wirkt, und nicht »leidenschaftlich«. Auch die Entfernung spielt eine Rolle: Freunde fühlen sich bei einem Abstand von 1,2 bis 5 Metern am wohlsten, Verliebte rücken gern etwas näher heran – während heimliche Liebespaare sich in entgegengesetzten Ecken des Raumes niederlassen! In puncto Blickkontakt ist es wichtig zu wissen, daß Freunde gern auch schon einmal wegschauen, Verliebte den Blick nicht voneinander abwenden können, heimlich Verliebte

indessen nicht einmal einen Blick riskieren. Freunde unterhalten sich mit normaler Stimmlage, Verliebte sprechen langsamer und mit tieferer Stimme, heimlich Verliebte jedoch reden kaum.

Umgang mit dem Vorgesetzten

Unabhängig davon, ob Sie Ihrem Vorgesetzten direkt zuarbeiten oder ihm einfach nur unterstehen, ist es wichtig, daß Sie ihn »zu nehmen« wissen. Ermitteln Sie zunächst seinen Führungsstil, um entsprechend reagieren zu können. In der Theorie geht man meist von drei Führungsstilen aus: autokratisch, demokratisch und Laissez-faire. Mischformen sind denkbar, außerdem kann jeder Stil mit besonderem nonverbalem Verhalten einhergehen. Falls Ihre Körpersprache den Führungsstil Ihres Vorgesetzten ergänzt, werden Sie in der Regel ein unproblematisches Verhältnis haben.

Der autokratische Vorgesetzte – meist ist es ein Mann – schätzt die mit dem Beruf verbundenen Statussymbole wie Schreibtisch, Türschild und Firmenwagen und wird daher seinen Status durch teure und formelle Kleidung auf nonverbale Weise unterstreichen. Die klassische Körperhaltung des »Anführers« besteht aus geradem Kreuz, kantigen Schultern, kontrollierten Bewegungen und hocherhobenem Haupt. Er tendiert dazu, sich gegen Sie abzuschotten – geschlossene Tür, Verschanzen hinter dem Schreibtisch – und durch sein ausdrucksloses Gesicht und die gefühllose Stimme dafür zu sorgen, daß Sie nicht zu freundlich werden. Etwaige Ungebührlichkeiten Ihrerseits quittiert er mit Befremden (Blick, Tonfall).

Falls Sie danach streben, einen perfekten Mitarbeiter abzugeben, versuchen Sie niemals, diese formelle Körpersprache zu unterlaufen. Klopfen Sie vor dem Eintreten an, setzen Sie sich nicht unaufgefordert hin, achten Sie auf Distanz, und überqueren Sie die Schreibtischgrenze nur nach Aufforderung. Fallen Sie Ihrem Vorgesetzten niemals ins Wort, sondern achten Sie auf entsprechende Übergabesignale. Seien Sie freundlich, doch übertreffen Sie ihn nicht im Lachen oder Plaudern, um nicht als Zeitverschwender eingestuft zu werden. Kultivieren

Oben: Mit seinem gestreckten Arm und der hochgezogenen Schulter hält der Vorgesetzte seine Mitarbeiterin auf Distanz. Diese ist darum bemüht, ihm durch Zurückhaltung und abgewandten Blick zu signalisieren, daß sie keine »Bedrohung« darstellt.

Sie ein waches, zielgerichtetes Auftreten und eine klare, doch nie laute Stimme. Für die Konstellation »Frau zu Frau« gilt: Halten Sie sich in puncto Kleidung zurück!

Ganz anders die demokratische Führungspersönlichkeit (in der Regel eher eine Frau). Da sie auf die menschlichen Aspekte des Arbeitslebens besonderen Wert legt, wird sie mit Hilfe der Körpersprache ein persönliches Verhältnis zu Ihnen aufbauen wollen. Ihr Büro ist offen und zugänglich und ohne frontale Sitzordnung. Ihre Körpersprache zeugt meist vom Bemühen um Kontakt. So wird sie es vorziehen, Ihnen eine Information auf mündlichem Wege anstatt schriftlich zu geben oder sich gerne zu Ihnen bemühen, anstatt Sie zu sich zu beordern.

Um mit einem solchen Vorgesetzten zurechtzukommen, bedarf es eines gewissen Augenmaßes. Lassen Sie sich auf die Politik der »offenen Tür« ein, und reagieren Sie auf die körpersprachliche Aufgeschlossenheit mit freundlichen Signalen (entspanntes Auftreten, vor allem Lächeln). Hüten

Sie sich vor der Annahme, Ihr Vorgesetzter erwarte von Ihnen, daß Sie als absolut gleichrangig auftreten und ihm durchaus ins Wort fallen. Legen Sie lieber Freundlichkeit an den Tag, und warten Sie darauf, daß Ihr Vorgesetzter beim Sprechen oder Handeln die Initiative ergreift.

Der Laissez-faire-Vorgesetzte (meist ein Mann) mischt sich kaum in Ihre Arbeit ein. Es kann sich um einen introvertierten Menschen (siehe Seite 36) handeln, der aufgrund seines Talents und weniger aufgrund seiner Führungsqualitäten befördert wurde. Von ihm aufgerichtete Barrieren dienen allein der Reizabwehr und haben nichts mit Standesbewußtsein zu tun. Er kann freundlich sein, es jedoch

daß er wegschaut oder geistesabwesend wirkt – und daß Sie für längere Zeit auf sich gestellt sein werden.

DIE SIGNALE ENTSCHLÜSSELN Wenn Sie die allgemeinen Verhaltensmuster Ihres Vorgesetzten ermittelt haben, empfiehlt es sich, genauer zu untersuchen, was seine nonverbalen Signale in speziellen Situationen bedeuten.

Vielleicht werden Sie wissen wollen, ob Ihr Vorgesetzter schlechter Laune ist. Da es im Arbeitsleben oft als unschicklich gilt, seine Mißstimmung zur Sprache zu bringen, sollten Sie auf Anzeichen für Anspannung und Streß achten: hochgezogene Schultern, verkniffener Mund, ausdrucksloses Gesicht, träge Bewegungen, schrille Stimme, schnippische Äußerungen und Gewaltbereitschaft gegenüber Telefonhörern oder Türen.

Versuchen Sie außerdem zu erkennen, ob Ihr Vorgesetzter beschäftigt oder ansprechbar ist. Eine

Links: **Die autokratische Chefin verwendet Befehlsgesten, die mit Hilfe des Stifts (=verlängerter Bleistift) noch betont werden. Die Mitarbeiterin bleibt respektvoll stehen und geht auf Distanz.**
Unten: **Der »Fingerzeig« eines demokratischen Vorgesetzten hat eine völlig andere Bedeutung, da Signale wie informelles Auftreten und die Tatsache, daß er es seiner Mitarbeiterin gestattet, auf derselben Seite des Schreibtisches Platz zu nehmen, hier den Ton angeben.**

an Ausdruck und Blickkontakten ermangeln lassen, weil er »außen vor« bleiben will. Überhaupt hält er auf Distanz, ist oft nicht in seinem Büro, kommuniziert in Form von Laufzetteln und kontrolliert Sie kaum einmal.

In diesem Fall ist es wichtig, daß Sie Ihre Eigenständigkeit signalisieren. Treten Sie eher als Ebenbürtiger auf, und versichern Sie ihm durch Ihr abgestimmtes und selbstsicheres Verhalten, daß Sie allein zurechtkommen. Erwarten Sie jedoch keinen intensiven Austausch. Ziehen Sie die Begegnungen nicht in die Länge, und setzen Sie sich im spitzen Winkel zu Ihrem Vorgesetzten, um nicht als Eindringling zu erscheinen. Seien Sie darauf gefaßt,

Sie hat sich bereits etwas von ihrer Arbeit abgewandt, doch nicht deutlich genug, um Aufgeschlossenheit zu signalisieren. Ihr eher abweisend wirkender Blick läßt darauf schließen, daß ihre Gedanken weiterhin anderen Dingen gelten.

Sie ist irritiert. Kerzengerade Haltung und verkrampft wirkende Hände verraten ihre negativen Gefühle; der direkte und unverstellte Blick wirkt jedoch eher einladend und auffordernd. Sind nun Sie der Grund für die Irritation, oder ist es jemand anders?

geschlossene Tür ist ein eindeutiges Zeichen, doch auch jenseits einer geöffneten Tür lassen sich verdeckte Abwehrsignale (siehe Seite 48 f.) finden, wie sie typischerweise Personen zeigen, die – ganz in sich gekehrt – in ihre Arbeit vertieft sind. Die gegenteiligen Signale – weit zurückgelehntes Sitzen, aus dem Fenster starren und, bei Männern, Füße auf dem Schreibtisch – bedeuten interessanterweise aber nicht, daß Ihre Anwesenheit willkommen ist. Es kann sich nämlich auch um nonverbale Signale dafür handeln, daß sich der Betreffende in einer Phase der Tiefzeit (siehe Seite 47) befindet. In diesem Fall kann Ihr Vorgesetzter nicht einmal annähernd so ansprechbar sein, wie in einer Phase der Beschäftigung.

Lernen Sie als nächstes jene Signale kennen, die Ihr Vorgesetzter verwendet, um Anweisungen zu geben. Sie unterscheiden sich nur geringfügig von den Gesprächssignalen, denn hier geht es um eine Aufgabe, für die letztlich Ihr Chef verantwortlich ist. Die Gesprächsführung liegt daher eher bei ihm.

Gezielte Pausen und auffordernde Blicke signalisieren Ihnen, daß Sie um Stellungnahme gebeten werden. Ein fragender Blick mit hochgezogenen Brauen fragt, ob Sie noch folgen können. Eine kreisende Hand kann bedeuten, daß es nun an der Zeit ist, das Thema zu wechseln, während ein durch Kopfnicken verstärkter Blickkontakt signalisieren kann, daß die Anweisung abgeschlossen ist. Weitere Abschlußsignale sind das Zusammenlesen und Aufstapeln von Unterlagen und eine veränderte Sitzhaltung, so als sei man quasi »auf dem Sprung«. Ein männlicher Vorgesetzter verhält sich in diesen Dingen weitaus unverblümter, indem er auf die Uhr schaut oder tatsächlich aufsteht, um den Abschluß der Besprechung zu bekunden.

Schließlich ist es noch nützlich zu wissen, wie die Reaktion des Vorgesetzten ausfallen wird. Hier spielen winzigste Bewegungen eine tragende Rolle, die beim Anhören eines Vorschlags oder dem Lesen eines Schriftstücks die nachfolgende Reaktion ankündigen. Bei sorgfältiger Beobachtung werden

Sie ein »mikroskopisches« Nicken für »Ja« beobachten können. Ein nur angedeutetes Kopfschütteln oder eine ablehnende Fingerbewegung signalisieren das Gegenteil. Unsicherheit wird mit dem sprichwörtlichen Schulterzucken bekundet, aber auch mit einer »balancierenden« Handbewegung oder nervösem Lippenspiel.

Jeder Vorgesetzte verfügt selbstredend über ein individuelles Repertoire an nonverbalen Signalen, mit deren wichtigsten Komponenten Sie sich ebenfalls vertraut machen sollten, um eine maßgeschneiderte Reaktion zu erreichen.

**Ihr aufforderndes Lächeln und der schrägge-
stellte Kopf signalisieren Interesse und Bereitschaft zum Zuhören. Ihre Körpersprache
bekundet Aufgeschlossenheit, auch wenn sie
beschäftigt sein mag.**

Besprechungstaktiken

Ungeachtet der Tatsache, daß eine geschäftliche Besprechung recht sachlich ist, kann die Körpersprache über ihren Erfolg mitentscheiden.

Wo wollen Sie die Besprechung abhalten? Welche Zielsetzung verfolgen Sie? Zwar mag ein Konferenzraum großzügig und erlesen möbliert sein und somit der Besprechung eine gewisse geschäftsmäßige Förmlichkeit verleihen, doch ein Aufenthaltsraum mit einem Sofa und einem Kaffeetisch würde eher zum Aufbau guter Beziehungen beitragen. Besprechungen in Ihren eigenen Büroräumen bieten Ihnen einen »Heimvorteil«, in einem neutralen Besprechungszimmer mag es dagegen leichterfallen, ein echtes Teamwork zu schaffen.

Richten Sie Ihr Augenmerk nun auf die Sitzordnung. Für Gespräche und Gruppenarbeit eignet

sich am besten ein runder Tisch oder eine Anordnung Seite an Seite.

Nähe und Zusammengehörigkeitsgefühl entstehen eher an einem kleineren Tisch, Kreativität dagegen benötigt Platz. Falls bei der Besprechung eine gewisse Konkurrenzsituation zu erwarten ist, plazieren Sie die Betreffenden – abhängig von Ihren Standpunkten – an entgegengesetzten Seiten (Verstärkung) oder aber an der gleichen Seite (Abschwächung) des Tisches. Den vorgesehenen Diskussionsleiter plazieren Sie »vor Kopf«, einen Störenfried jedoch an einer der Längsseiten.

Machen Sie sich außerdem Gedanken darüber, wie Sie die eintreffenden Personen willkommen heißen wollen. Manche Teilnehmer sehen es als Zeichen des Respekts, wenn sie am Fahrstuhl in Empfang genommen und zum Besprechungsraum begleitet werden, während Sie einem netten, langjährigen Kunden ein Dazugehörigkeitsgefühl vermitteln, wenn Sie ihn nicht »an die Hand« nehmen. Wenn Sie die Teilnehmer bis zur letzten Minute in der Empfangshalle warten lassen, wirken Sie beschäftigt und wichtig.

Erinnern Sie sich an die erfolgreichen Begrüßungstechniken (siehe Seite 20 ff.), wobei Sie ein dem beruflichen Umfeld eher angemessenes förmlicheres Auftreten wählen. Doch seien Sie vor allem flexibel, denn selbst im Berufsleben kennt man unterschiedliche Arten der Begrüßung; sie hängen von folgenden vier Faktoren ab: Unternehmenskultur, relativer Status, Dauer der Bekanntschaft und Länge der Zeit, die seit der letzten Begegnung verstrichen ist. In einigen Berufen sind Sie sofort »unten durch«, wenn Sie es versäumen, selbst die oberflächlichsten Bekanntschaften mit einem herzlichen Kuß auf beide Wangen zu begrüßen; in anderen Berufen wiederum wäre ein solches Verhalten völlig deplaziert.

VERSTECKTE TAGESORDNUNG Achten Sie – was auch immer auf der schriftlichen Tagesordnung stehen mag – von Beginn an auf die eigentlichen Motive der Teilnehmer. Der amerikanische Psychologe McLelland geht von drei Kategorien geschäft-

licher Zielsetzungen aus: »Angliederung« (Streben nach Zusammenhalt und positiver Atmosphäre), »Vollzug« (Streben nach Bewältigung der Aufgabe) und »Macht« (Streben nach Kontrolle).

Ein typischer Vertreter der ersten Kategorie ist eine Frau (oder ein kontaktfreudiger Mann). Sie ist bereits frühzeitig vor Ort, um die Eintreffenden zu begrüßen und wird womöglich bemüht sein, mit allen Kontakt aufzunehmen, so daß sich der offizielle Beginn verzögern kann. Sie wählt in der Regel einen Platz, der eine ungehinderte Sicht auf die Anwesenden ermöglicht. Ihre Körpersprache (zahlreiche Blickkontakte, Lächeln, Übergabegesten) spiegelt ihr Bemühen um Integration wider. Im Konfliktfall zeigt sie Zeichen der Anspannung und versucht, die Betreffenden durch ihre beruhigende Stimme und entsprechende Gesten zu besänftigen und zu versöhnen. Hat sie damit Erfolg, so entspannt sie sichtlich.

Ein »Macher« hingegen ist peinlich genau um Pünktlichkeit bemüht. Er gehört zu jenen, die keine Minute verschwenden wollen. In aller Regel spricht er im Vorfeld ausschließlich Entscheidungsträger an, neben die er sich später auch vorzugsweise setzt – oder er plaziert sich neben einem Gegner, um »Überzeugungsarbeit« zu leisten. Als aufgabenorientierter Mensch hat er alles für die Besprechung Notwendige dabei. Er pocht auf strikte Einhaltung der Tagesordnung und hört sachbezogenen Äußerungen gefaßt zu. Indessen irritieren ihn Menschen, die seiner Ansicht nach »Schwafler« sind. Er entspannt sich, sobald die wichtigsten Entscheidungen getroffen sind.

Jemand, der in einer Besprechung nach Macht strebt – meist ein Mann oder eine resolute Frau –, kommt gern etwas zu spät (ein typisches Machtspiel), wenn seine Anwesenheit etwa bei einer Abstimmung unabdingbar ist. Falls er einmal zu früh eintrifft, verbringt er die meiste Zeit mit anderen Machtträgern, etwa dem Vorsitzenden. Sein Machtstreben widerspiegelt sich auch in dem Bemühen um einen herausragenden Sitzplatz – oder aber um einen Platz in der Mitte zwecks möglichst intensiver Einflußnahme. Während der Besprechung redet

er laut und schnell und ist ganz auf Wirkung aus. Er unterbricht gern, wenn ihm etwas nicht paßt und bleibt bis zum Schluß, um vor Überraschungen gefeit zu sein. Sobald jedoch die übrigen Machtträger gegangen sind, hält ihn nichts mehr.

Die meisten Menschen legen in Besprechungen eine dieser elementaren Strukturen an den Tag, wenngleich sie ihr Verhalten bei bestimmten Anlässen auch ändern können. Ebensohäufig sind jedoch auch Zwischenstufen anzutreffen, die alle drei Grundtypen vereinen. Achten Sie – bei sich selbst wie bei anderen – auf solche »versteckten Tagesordnungen«, denn sie stimmen nicht immer mit den geäußerten Erwartungen überein. Sobald Sie die

Rita und Martin (links) treffen zu einer Besprechung mit Johanna und Thomas ein. Bei aller Freundlichkeit scheint jedoch etwas nicht zu stimmen. Alle wirken irgendwie angespannt und – trotz Blickkontakten von allen Seiten – mehr oder weniger abweisend.

Anliegen der anderen Teilnehmer erkannt haben, können Sie mit ihrer Hilfe für einen erfolgreichen Verlauf der Besprechung sorgen. Lassen Sie es zu, daß die »geselligen« Teilnehmer im Vorfeld ein Gemeinschaftsgefühl aufbauen, und nutzen Sie die Reaktionen der Teilnehmer während der Besprechung als »Frühwarnsystem« für entstehende Bündnisse und Machtspiele.

Spannung entsteht. Thomas wartet auf eine passende Gelegenheit. Johanna und Martin wirken beklommen, obgleich Johanna ihre Sorgen hinter einem aufgesetzten Lächeln verbirgt. Martins Gesicht zeugt von ernsthaften Bedenken. Rita bekundet als einzige Person Aufgeschlossenheit. Wenn sie die Besprechung retten will, ist Handeln geboten.

Offene Zwietracht ist eingekehrt. Rita und Thomas »fechten« mit ihren Stiften – eine im Geschäftsleben sehr typische Geste. Rita wirkt immer noch aufnahmebereit. Sie erhält jedoch keine Unterstützung durch Martin, der sich – ebenso wie Johanna – geistig bereits verabschiedet hat (man beachte den von den Armen gebildeten Schutzwall).

DEN VORSITZ FÜHREN Wenn Sie den Vorsitz einer Gesprächsrunde innehaben, müssen Sie neben den üblichen Fähigkeiten der Gesprächsführung auch das Vermögen haben, die Gruppe zur Einigung zur bringen.

Signalisieren Sie zu Beginn, daß Sie die Federführung haben. Hierzu greifen Sie im Bedarfsfall auf den »Selbstsicherheits-Auslöser« (siehe Seite 98) zurück, richten sich im Sitzen auf, schauen in die Runde, halten Blickkontakt zu jedem und beginnen erst, wenn Ruhe eingekehrt ist. Wahren Sie weiterhin intensiven Blickkontakt auch zu den unmittelbar neben Ihnen Sitzenden, um zu signalisieren, daß Sie das Heft immer noch in der Hand haben. Denken Sie daran, daß offen geäußerte Gefühle speziell in einer vorwiegend aus Männern zusammengesetzten Gruppe als Zeichen des Versagens gedeutet werden können. Kontrollieren Sie

daher nach Möglichkeit Ihren Gesichtsausdruck, und halten Sie Wut oder Kummer zurück.

Eine Ihrer Hauptaufgaben wird darin bestehen, anderen Diskutanten grünes Licht zu geben. Achten Sie daher auf die gewohnten Signale der Redebereitschaft, die nun jedoch nicht dem aktuellen Sprecher, sondern Ihnen als Gesprächsleiter gelten. Ein Teil Ihrer Aufmerksamkeit gilt dem Sprecher, während Sie zugleich auf jene achten, die zum Reden ansetzen wollen, Blickkontakt suchen oder mit leicht erhobenem Finger Ansprüche anmelden. Wenn Sie jemandem das Wort erteilen wollen, so verdeutlichen Sie dies mit einer betonten Übergabegeste in die entsprechende Richtung, damit niemandem entgeht, wer nun an der Reihe ist.

Jemanden zur Ruhe zu mahnen, kann eine heikle Aufgabe darstellen. Falls auch die anspruchsvolleren, in der Gesprächsführung ebenfalls verwandten Techniken (siehe Seite 30) nicht greifen, sprechen Sie den Betreffenden mit ernster Miene mit Namen an – dies wirkt fast immer. Im allgemeinem Durcheinander kann auch ein nonverbaler Ordnungsruf in Betracht kommen (Glocke, Metall gegen Glas u.ä.).

Während der Besprechung kann die Notwendigkeit bestehen, die Beteiligten einer Einigung zuzuführen oder ihr durch Entschärfen von Konflikten überhaupt erst den Weg zu ebnen. Achten Sie daher stets auf die körpersprachlich vermittelte Gefühlslage der Anwesenden. Erkennen Sie jene, die offenbar unbeteiligt sind (zurückgelehnte Haltung, ausgestreckte Beine, aufgestützter Kopf), und integrieren Sie sie durch Stellen einer Frage oder Aufforderung zum Kommentar wieder. Ermitteln Sie anhand nonverbaler Abstimmung, wo Bündnisse im Entstehen oder im Zusammenbruch begriffen sind. Wenn jemand beispielsweise die Seite wechselt, signalisiert seine Körpersprache dies im voraus, da sie sich dem neuen Bündnispartner anpaßt, noch bevor der Meinungsumschwung durch Worte bekundet wird.

Kurz vor dem Abschied zeigen alle Beteiligten, außer Johanna, eine Angriffshaltung (Anspannung, erhobener Kopf, durchdringender Blick). Johanna dagegen signalisiert, daß sie keine Bedrohung darstellt.

Falls sich größere Probleme abzeichnen, sollten Sie nach »Täuschungssignalen« (siehe Seite 78 f.) Ausschau halten, denn sobald jemand zu lügen beginnt, merken dies unterschwellig nicht selten auch die anderen und reagieren irritiert oder empört. Falls Sie plötzlich laute Stimmen hören und zornige Gesichter sehen, seien Sie gewarnt – auch wenn die Äußerungen harmlos erscheinen und ein Verdacht der Lüge vielleicht gar nicht besteht.

Stellen Sie am Ende der Besprechung sicher, daß über die getroffenen Entscheidungen verbales und nonverbales Einvernehmen herrscht. Prüfen Sie nacheinander alle Beteiligten auf entsprechende Signale wie Blickkontakt, unverschränkte Arme

Körpersprache im Verkaufssektor. Wie man es nicht macht: Die beiden Verkäuferinnen befinden sich in regem Austausch. Sie sind mit sich selbst beschäftigt und lassen die Kundin »außen vor«. Lieber sollten sie ihr angeregtes Zwiegespräch einstellen und ihre Blicke über den Thekenrand hinaus schweifen lassen, um es einem etwaigen Kunden zu ermöglichen, Kontakt aufzunehmen.

und angedeutetes Kopfnicken. Eine Neuauflage der Diskussion ist indessen angezeigt, wenn Sie feindseligen Haltungen wie verschränkten Armen, einem unausgewogenem Gesichtsausdruck, angedeutetem Kopfschütteln oder hochgezogenen Schultern begegnen.

Umgang mit Kunden

Für den Publikumsverkehr – sei es im Einzelhandel oder im Rahmen anderer Geschäftsbeziehungen – benötigen Sie eine vollkommen andere Körpersprache als sonst. Sie muß Ihr besonderes Verhältnis zum Kunden widerspiegeln.

Da Sie in jeder Dienstleistungssituation Ihre Hilfsbereitschaft signalisieren sollten, muß Ihre Körpersprache Wachheit und Motiviertheit zum Ausdruck bringen (siehe Seite 98 f.). Da es hier aber nicht darum geht, Freundschaft zu bekunden, bedürfen die gewohnten Sozialsignale oftmals der Abschwächung: nicht zu breites Lächeln, nicht zu große Nähe, nicht zu aufdringlicher Blickkontakt.

Während Sie sich dem Kunden gegenüber hilfreich zeigen, tragen Sie zugleich auch Verantwortung gegenüber Ihrem Arbeitgeber, der Ihnen ein höfliches, selbstsicheres Auftreten abverlangt. Da Sie dem Kunden nur für sehr kurze Zeit begegnen, müssen Ihre Gesten sehr eindeutig sein, um ihm eine problemlose Orientierung zu ermöglichen, sei es beim Umgang mit der Kreditkarte oder bei der Beschreibung des Weges zur Umkleidekabine.

WELCHE ART VON KUNDE? Abhängig von seiner Persönlichkeit bedarf jeder Kunde einer etwas anderen Behandlung.

Der neutrale Kunde ist in aller Regel nicht auf irgendeine Form des persönlichen Umgangs aus und wird Sie daher vielleicht nicht einmal als Person wahrnehmen. Er wird Sie mit versteinerter Miene behandeln, als seien Sie Luft. Dieses Bedürfnis nach Beziehungslosigkeit müssen Sie respektieren. Verhalten Sie sich ebenfalls neutral, und vermeiden Sie einladende Blickkontakte oder gar Plaudereien. Wenn Sie einen derartigen Kunden so rasch wie möglich abfertigen, ist er glücklich.

Der freundliche Kunde wünscht das genaue Gegenteil. Er ist vielleicht nicht unbedingt auf ein Schwätzchen aus, legt jedoch Wert auf einen mitmenschlichen Umgang. Seine Sozialsignale sind meist so deutlich, als unterhalte er sich mit einem guten Bekannten (freundliche Stimme, intensives Lächeln, offene Gesten). Hierauf sollten Sie mit

reservierter Freundlichkeit reagieren, damit der Kunde weiterhin den Ton angeben kann.

Der »Jasager« hingegen ist darauf aus, sich ganz nach Ihnen zu richten. Derartige Kunden sind meist in Situationen zu beobachten, die ein besonderes Wissen um erforderliche Prozeduren erfordern, etwa beim Fliegen. Ein solcher Kunde wird gesenkten Hauptes an Sie herantreten, so als wolle er Sie um Anweisung und Orientierung bitten. Er kann verängstigt wirken (nervöses Lachen, fahrige Gesten) und seine Beine eng zusammenstellen, als wolle er nicht weiter auffallen. Hierauf sollten Sie mit Ruhe und Fassung reagieren. Tragen Sie Ihre

---

Die Kundin (rechts) gerät in Fahrt, offenbar weil sie ignoriert wurde. Die Verkäuferin mit hochgesteckter Frisur zeigt einen verängstigten Blick und verkrampfte Handbewegungen. Die Verkäuferin ganz links versucht durch einen freundlichen Gesichtsausdruck zu beschwichtigen. Hierzu setzt sie geschickt ihre Hände ein, was der Kundin signalisiert: Ich verstehe dich.

Anweisungen mit klarer, eher warmer Stimme und in gut verständlicher Sprache vor.

Wiederum andere Kunden möchten das Heft selbst in die Hand nehmen, weil Sie Vorbehalte hegen, was Sie oder die angebotene Leistung angeht. Der »dominierende« Kunde wird Ihnen bereits bei der Annäherung mit durchdringendem Blick, gerunzelter Stirn und lauter, entschlossener Stimme begegnen. Zum Beweis seiner Dominanz wird er nicht selten räumliche Übergriffe versuchen, etwa indem er sich über die Theke lehnt, sie mit Tasche oder Mantel in Beschlag nimmt oder Sie am Arm faßt. Eine Spielart dieses Typus ist der aggressive Kunde, der meist eine konkrete Beschwerde vorzubringen hat und leicht an seiner Körpersprache zu erkennen ist. Widerstehen Sie der Versuchung, ebenfalls ausfallend zu werden. So schwer es Ihnen auch fallen mag: Bleiben Sie freundlich, und versuchen Sie, Kopf und Schultern während des Sprechens etwas zu senken. Untersuchungen von Konfliktsituationen haben ergeben, daß leichtes, sogar zufälliges Absenken der Stimme in 90 Prozent der Fälle eine Verminderung der Spannungen bewirkt. Durch solche Signale vermitteln Sie dem Kunden, daß er im Recht ist.

ZUSTIMMUNG ERZIELEN Es wurden zahlreiche Bücher geschrieben, wie man mittels Körpersprache auch den unwilligsten Kunden zum Kauf überredet. In Wahrheit aber läßt sich der Kunde nur selten hinters Licht führen und reagiert am besten auf ein einfühlendes Entgegenkommen.

Hierzu müssen Sie den Kunden zunächst überzeugend willkommen heißen, etwa mit einem Lächeln und Blickkontakt, sobald er Ihren Bereich betritt. (Dem typischen »Stöberer« sollten Sie sich hingegen nicht aufdrängen). Falls Sie per Telefon Kontakt zu einem Kunden aufnehmen, sollten Sie Ihrer Stimme einen Begeisterungsschub verleihen.

Sobald der Bezug zur Kundin (wieder)hergestellt ist, kann sie mittels direkter Zugewandtheit und unverstelltem Blickkontakt einbezogen werden. Deutlich bekundet die linke Verkäuferin ihre Bereitschaft zuzuhören.

Nehmen Sie sich Zeit, um einen Bezug zum Kunden herzustellen. Beim Direktkontakt bieten sich die auf Seite 24 gegebenen Anregungen an. Am Telefon sollten Sie den Tonfall und Rhythmus des Kunden sorgfältig registrieren. Stimmen Sie sich auf die verbalen Anhaltspunkte in derselben Weise ab, wie Sie dies anhand von Gesten tun würden.

Als nächstes präsentieren Sie das Produkt – sei es ein konkreter Artikel oder ein Konzept in Form einer neuen Geschäftsidee. Entscheidend ist, daß Sie genau erkennen, worauf es Ihrem Gegenüber ankommt. Einem Kunden, der die Waren sehen oder anfassen will (siehe Seite 35), legen Sie das Produkt vor, einem Kunden, der Informationen hören will, vermitteln Sie eine flüssige, selbstsichere Darstellung mit eigenen Worten.

Nach der Präsentation des Produkts sollten Sie sich eine Weile zurückhalten. Wenn Sie glauben, Reden sei die einzige Verkaufsgarantie, so irren Sie, denn die meisten Kunden benötigen eine Tiefzeit (siehe ab Seite 47), um ihre Entscheidung zu überdenken. Ziehen Sie sich also zurück, und verhalten Sie sich ruhig. Beim Direktkontakt warten Sie, bis der Kunde in irgendeiner Form seine Kontaktbereitschaft signalisiert (suchender Blick, Räuspern). Am Telefon sollten Sie eine konkrete Bedenkzeit einräumen (»Möchten Sie einen Moment darüber nachdenken?«).

In einem weiteren Schritt müssen Sie in jedem der Fälle ermitteln, worauf es für den Verkaufsabschluß ankommt. Wünscht der Kunde Informationen? Sicherheit? Das gleiche Produkt in einer anderen Farbe oder spezielle Garantien? Diese Information erhalten Sie nur durch Worte, auf die Sie entsprechend zu reagieren haben.

Körpersprache ist dagegen hilfreich, wenn es gilt, die Gedanken des unentschlossenen Kunden zu interpretieren. Gehen Sie der Sache nach, falls Sie Anzeichen der Unzufriedenheit registrieren (Stirnrunzeln, zögerliches Sprechen). Möglicherweise fällt Ihnen auf, daß der Kunde etwas sagen möchte, dann aber in sich geht und verstummt. In diesem Fall sollten Sie Argumente sammeln, um ihn doch noch vom Kauf zu überzeugen.

Ein echtes, unumstößliches Nein erkennen Sie am beharrlichen Kopfschütteln oder an der entschlossenen Stimme, mit der der Kunde gleichsam einen Schlußpunkt setzt. Halten Sie Ihre Gefühle zurück, denn eine freundliche Reaktion vermittelt die nonverbale Botschaft, daß Sie diesen Entschluß respektieren und schreckt den Kunden nicht ab, später noch einmal auf Sie zuzukommen.

Sollte die Antwort jedoch positiv ausfallen, so geben Sie Ihrer Freude auf natürliche Weise Ausdruck (Lächeln, Kopfnicken, Tonfall). Auch hier lautet Ihre Botschaft: »Sie haben sich richtig entschieden«. Der Kunde fühlt sich innerlich bestätigt und wird sich Ihnen später mit erhöhter Wahrscheinlichkeit nochmals zuwenden.

Erfolgreiche Bewerbung

Wenn Sie wissen, daß Ihnen ein Vorstellungsgespräch bevorsteht, werden Sie zunächst mehr über Ihren möglichen neuen Arbeitgeber herausfinden wollen. Sammeln Sie jedoch nicht nur die in Broschüren oder Telefonaten gegebenen Informationen. Gehen Sie einen Schritt weiter, und bemühen Sie sich um eine Erhebung und Deutung auch der nonverbalen Botschaften.

Ihr erstes Augenmerk gilt der Stellenanzeige und den Bewerbungsunterlagen. Hochglanzunterlagen? Dies kann bedeuten, daß es der Firma gutgeht, oder daß sie sich – bisher eher vergeblich – um Status und Profit bemüht. Bedeutet ihr dürftig fotokopiertes Bewerbungsformular, daß man nicht viel Wert auf Äußerlichkeiten legt, oder daß der zu versehende Posten so wichtig nun auch nicht ist? Wie viele Fotos des Direktors im Verhältnis zu Aufnahmen der Belegschaft finden sich in der Broschüre? (Weitere denkbare Gegensatzpaare sind Män-

Schon hat Rita Grund zur Sorge, denn ihre formelle Kleidung paßt nicht zu dem lockeren, zwanglosen Stil des Unternehmens. Sie könnte sich allerdings weit besser aus der Affäre ziehen, indem sie durch selbstsichereres Auftreten und größere Aufgeschlossenheit stärker auf die freundliche Geste ihrer Gesprächspartnerin einginge.

Trotz der Aufforderungsgeste Ihrer Chefin vergibt Rita Chance um Chance. Vermutlich, weil sie nervös ist, wirkt sie selbstversunken – als säße sie unter einer Käseglocke. Von Interesse kann keine Rede sein.

ner/Frauen, Produkt/Beschäftigte oder Unternehmenszentrale/Produkt.) Was sagen Ihnen diese Botschaften über die Unternehmensphilosophie?

Falls möglich, sollten Sie sich im Vorfeld des Vorstellungsgespräches einen Eindruck über die Architektur und Einrichtung verschaffen. Beobachten Sie das Verhalten der Beschäftigten beim Gang in die Mittagspause, und konfrontieren Sie Ihre Eindrücke mit Ihren in puncto Erscheinungsbild und Umfeld gewonnenen Erkenntnissen.

Lassen Sie all Ihre Erfahrungen in Ihre Vorbereitungen auf das Vorstellungsgespräch einfließen, nicht zuletzt auch in Ihre Körpersprache. Viele Menschen wählen für ein Vorstellungsgespräch einen unauffälligen Anzug. Dies mag passend sein. Sollte eine derartige »Einheitskleidung« in dem Unternehmen jedoch als langweilig gelten, wäre eine gewagtere Lösung ratsam. Auf jeden Fall empfiehlt es sich, eine gediegenere Kleidung zu wählen als im Alltag, schließlich wollen Sie zum Ausdruck bringen, daß Sie dem Vorstellungsgespräch besondere Bedeutung beimessen. Wenn es von der Sache her paßt, können Sie Ihre Kleidung (und als Frau

Indem sie alle negativen Signale umkehrt, macht Rita nicht nur eine weitaus bessere Figur, sondern ermöglicht es ihrer Gesprächspartnerin überdies, sich aufnahmefähiger und entspannter zu geben.

auch Make-up und Frisur) ziemlich exakt auf das betreffende Unternehmen ausrichten.

Wählen Sie ebenfalls eine Körpersprache, die auf die Unternehmensphilosophie zugeschnitten ist. Richten Sie Ihr Auftreten danach aus, ob Sie es mit einem eher hierarchisch oder kollegial orientierten Unternehmen zu tun haben. Da Sie sich von Ihrer besten Seite präsentieren wollen, sollten Sie weder zu förmlich noch zu unverbindlich auftreten. Signalisieren Sie statt dessen jedem, dem Sie begegnen: »Ich passe zu euch«.

BEIM VORSTELLUNGSGESPRÄCH Vor einem Vorstellungsgespräch sollten Sie die entsprechenden Abschnitte über Entspannung, Selbstsicherheit und Motivierung in diesem Buch lesen (Seite 97 bis 100). Sie helfen Ihnen dabei, in der Vorbereitungsphase Ruhe zu finden, bei Betreten des Raumes aber wach und selbstsicher zu wirken.

Lassen Sie sich nicht durch die räumlichen Gegebenheiten abschrecken. Manche Chefs sorgen gezielt für eine Benachteiligung des Bewerbers, indem sie ihm eine etwas niedrigere Sitzgelegenheit zuweisen oder mit Hilfe eines Schreibtisches eine Barriere herstellen, die Ihren »untergebenen« Status nonverbal bekräftigt. Ignorieren Sie dies einfach, da es anderen Bewerbern nicht anders ergehen wird. Sitzen Sie gerade und entspannt, und achten Sie darauf, Blockade- oder Fluchtgesten zu vermeiden.

Entspanntheit ist das A und O. Am besten, Sie halten Ihre Hände unter Kontrolle und vermeiden nervöses Herumfuchteln. Verzichten Sie aber nicht völlig auf Gesten, denn dies könnte die Flüssigkeit und Klarheit Ihrer Sprache beeinträchtigen. Versuchen Sie Ruhe zu gewinnen, indem Sie eine kleine Pause einlegen, bevor Sie eine Frage beantworten – dies bietet Ihnen nicht nur Bedenkzeit, sondern läßt Sie auch ernsthaft nachdenkend erscheinen.

Wenn Sie etwas nicht verstehen oder dazu übergegangen sind, Ihrem Gesprächspartner das Fragen abzunehmen, wählen Sie einen unbedrohlichen »Ergründungsausdruck« (seitlich gehaltener Kopf, leichtes Stirnrunzeln, angedeutetes Lächeln). Dies signalisiert nicht nur, daß Sie mehr wissen wollen, sondern versichert Ihrem Gegenüber auch, daß Ihr Wissensdurst nicht auf seiner mangelnden Ausdrucksfähigkeit basiert.

Ein letzter Schlüssel zum Erfolg besteht merkwürdigerweise darin, daß Sie Ihrem Gegenüber Zustimmung signalisieren. Man möchte meinen, der-

artige Personen hätten eine solche Machtposition, daß sie nicht auf Bestätigung angewiesen seien. Studien haben jedoch ergeben, daß erfolgreiche Vorstellungsgespräche mit drei körpersprachlichen Signalen verknüpft sind: Lächeln, Kopfnicken und Wahren eines freundlichen Blickkontakts – allesamt Zeichen der Akzeptanz oder Zustimmung. Natürlich muß keiner dieser nonverbalen Aspekte etwas mit der tatsächlichen Eignung des Bewerbers zu tun haben. Es sind vielmehr nonverbale Signale der mitmenschlichen Akzeptanz. Es kommt dabei auf einen Versuch an. Denn falls Sie überhaupt

nicht beeindrucken konnten, werden auch diese Signale wohl nichts ausrichten können. Wenn Sie aber halbwegs überzeugen konnten, sind sie womöglich das Zünglein an der Waage.

GESCHAFFT? Wenn Sie sich verabschieden, werden Sie vermutlich keine eindeutigen Signale über Ihren etwaigen Erfolg erhalten, da Ihnen in der Mehrzahl der Fälle ein professionelles Verabschiedungslächeln entgegenstrahlen wird. Um wirklich zu erfahren, wie Sie dastehen, müssen Sie auf die Signale während des Gesprächs achten.

Sucht Ihr Gesprächspartner nach Fragen, indem er des öfteren mit leichtem Stirnrunzeln nach oben oder nach links schaut? Lehnt er sich stark zurück

Hat es geklappt? Wahrscheinlich nicht, denn der an ihr vorbeigehende Blick wie auch der auf Distanz haltende Arm ihrer Gesprächspartnerin verheißen nichts Gutes.

und versucht, sich dem Geschehen zu entziehen? Reagiert er mit leichtem Kopfschütteln auf Ihre Fragen? Wird sein Gesicht immer ausdrucksloser, oder zeigt er – aus dem gleichen Grund – zuviel Zustimmung, mit aufgesetztem Lächeln und auffällig intensivem Kopfnicken, um den unmittelbar bevorstehenden negativen Bescheid zu kompensieren? Verändern Sie Ihre Körpersprache soweit nur irgend möglich. Sprechen Sie, lächeln Sie, und benutzen Sie Ihre Hände mehr oder aber weniger als bisher. Daß Sie eine gute Figur machen, erkennen Sie auch an den nonverbalen Signalen der Aufgeschlossenheit und »Zuneigung«. Auch ein vergleichsweise längeres Gespräch kann ein nonverbales Bekunden von Interesse darstellen. Ein deutlich kürzeres Gespräch sollten Sie nicht pessimistisch beurteilen, falls es von echten Signalen der Zustimmung begleitet ist. Auch ein hitziges Wortgefecht kann Gutes verheißen, sofern es mit einer Mimik und Gestik einhergeht, die Lebhaftigkeit und Begeisterung signalisiert. Achten Sie vor allem auf Zeichen für wechselseitige Akzeptanz wie abgestimmtes Lächeln, Blickkontakte und Kopfnicken.

Diese Signale sind allerdings noch keine Erfolgsgarantie, denn schließlich können andere Bewerber besser qualifiziert sein als Sie. Eines kann man Ihnen jedoch nicht nehmen, auch wenn Sie die Stelle nicht erhalten sollten: Sie wissen, daß Ihr Gesprächspartner Sie unbewußt für gut genug befand, auch wenn sich dies nicht im Endresultat widergespiegelt hat.

Ein Team leiten

Stellen Sie sich vor, Sie hätten eine neue, höher bewertete Stellung angetreten. Während Sie allmählich in Ihre Verantwortlichkeiten hineinwachsen, werden Sie die Körpersprache der Führungspersönlichkeit annehmen – Signale des Anführers der

---

Geschafft? Offenbar ja, denn das Lächeln ihrer Gesprächspartnerin wirkt echt und bringt sämtliche Gesichtsmuskeln ins Spiel. Das Händeschütteln ist keine bloße Geste, sondern signalisiert Fortsetzung. Rita ist also zumindest in der engeren Auswahl.

Hackordnung (siehe Seite 101), jedoch weitaus eindringlicher und starrer.

Sie werden sich unwillkürlich etwas stärker aufrichten. Möglicherweise werden Sie sich auch einen besonderen Gesichtsausdruck zulegen (erhobenes Haupt, direkter Blick und ernsthafter Ausdruck), eher an die Reihe kommen wollen, mehr Raum beanspruchen, Untergebene berühren und sich gegenüber Vorgesetzten besonders freundlich verhalten.

Trotz der in vielen Büchern gemachten Behauptungen reicht dies nicht aus, um in einen Führungsrang aufzurücken. Die Aneignung einer anderen Körpersprache kann langfristig nur erfolgreich sein, wenn sie mit einem Einstellungswandel einhergeht. Speziell, wenn Sie innerhalb Ihrer alten Firma befördert wurden, wird jeder Ihr Verhalten vor und nach der Beförderung vergleichen können und Ihrem neuen Ich mit Skepsis begegnen.

Unterdessen können Sie dafür sorgen, daß Ihre im Aufbau begriffenen Führungsqualitäten durch Ihre Körpersprache nicht untergraben werden, daß Sie sich also nicht weiterhin wie ein »Jasager« verhalten. Prüfen Sie Ihre Körpersprache daher regelmäßig auf das Vorhandensein der genannten Signale. Falls Sie einige Monate nach der Beförderung noch Probleme haben, sich Gehör zu verschaffen, selbstsicher aufzutreten und anzuführen, sind Sie in Ihre neue Rolle noch nicht hineingewachsen.

Frauen seien jedoch gewarnt: Als Teil der Lebensbewältigung entwickeln sie in der Regel positive gesellschaftliche Fähigkeiten. Falls solche nonverbalen Elemente wie Lächeln und Kopfnicken zu häufig eingesetzt werden, kann dies – vor allem in Gegenwart von Männern – Beschwichtigung oder gar Unterwerfung signalisieren und ihre Autorität untergraben. Wenn Sie als Frau erstmals in eine Führungsposition gelangen, kann es daher für Sie sinnvoll sein, diese Signale abzuschwächen und seltener zu benutzen.

DIE MITARBEITER MOTIVIEREN Zu den wichtigsten Fähigkeiten einer Führungspersönlichkeit gehört es, die Mitarbeiter anzuspornen. Hierbei müssen Sie nicht nur lernen, wie man seinen Mitarbeitern eine sprachliche Rückmeldung vermittelt, sondern auch, wie man diese Botschaften körpersprachlich untermauert. Die gleichzeitige Verwendung positiver Worte und negativer Signale führt nachweislich zu Verwirrung und Ärger, während die Vermengung positiver Worte mit negativen Signalen den Eindruck der Schwäche und leichten Beeinflußbarkeit erzeugt.

Lobende oder aufmunternde Worte müssen daher mit echten Signalen der Zustimmung einhergehen (Lächeln, Kopfnicken, Begeisterung in der Stimme). Falls Sie als Frau eher berührungsorientiert sind und Ihre entsprechende Mitarbeiterin ebenfalls, sind auch gelegentliche Berührungen sexuell unzweideutiger Körperpartien wie Schultern oder Rücken denkbar. Da Berührungsreize das Nervenzentrum rascher und wirksamer ansprechen als Seh- oder Hörreize, erhält Ihr Lob eine größere Bedeutung und Motivationskraft.

Beim Aussprechen eines Tadels ist eine durchweg negative Körpersprache so gut wie nie zu empfehlen. Erstens kann dies zu dauerhaften Vorbehalten führen, und zweitens nehmen Sie sich selber die Möglichkeit, stimmig zu kommunizieren, wenn Sie sich ganz von Ihrem Zorn vereinnahmen lassen. In der Regel sollten Sie in solchen Fällen eine »Auszeit« nehmen, ein paarmal tief durchatmen und Ihren Körper wieder zur Ruhe kommen lassen. Danach reicht ein ausdrucksloses Gesicht und eine leise, nur die entscheidenden Wörter betonende Stimme, um Ihr Mißbehagen deutlich zu machen. In Ausnahmefällen kann auch ein kurzer Wutausbruch Wunder bewirken. Indem Sie die Stimme leicht anheben, die Stirn runzeln und Ihren Gesten mehr Prägnanz verleihen, vermitteln Sie einem unbotmäßigen Mitarbeiter einen Vorgeschmack von dem, wozu Sie noch fähig sind.

Vorbereitung eines Projekts. Die Beteiligten verhalten sich aufmerksam und lernbereit. Es herrscht Unsicherheit über den Gang der Dinge (schützende Gesten). Die Zugewandtheit zum Sprecher signalisiert jedoch ein gemeinsames Interesse.

Energisierung: Die Bewegungen beleben sich, und die Gruppenmitglieder beginnen zu agieren, rücken näher zusammen und stimmen Haltung und Gestik aufeinander ab. Gefühlsregungen sind in dieser Phase viel wahrscheinlicher als zuvor. Ein kreatives Chaos nimmt allmählich Gestalt an. Handschriften werden eher größer und weniger leserlich.

Während sich die Diskussion dem Ende nähert, erreicht die Körpersprache ihren Höhepunkt: Die gesamte Gruppe konzentriert sich auf die gemeinsame Sache. Sobald der Schlußpunkt gesetzt ist, kann es zu einem spontanen Ausbruch von Applaus oder Gelächter kommen. Die körperliche Anspannung ist verflogen; es besteht Grund zum Feiern.

Körpersprache bei der Teamarbeit

Jedes Projekt – sei es ein auf zwei Jahre angelegtes Spendenvorhaben oder eine Montagsbesprechung – durchläuft eine gewisse Zahl von Phasen, die sich jeweils durch eine besondere Körpersprache auszeichnen. Anhand dieser Signale läßt sich ermitteln, wie es um das Projekt bestellt ist, und welche nonverbalen Eingriffe geboten sind.

Die erste Phase ist die der Vorbereitung. Neben der reinen Planung geht es hier auch um die Herstellung eines Wir-Gefühls als Ausgangspunkt für die weiteren Aktivitäten. Im Zuge der allmählichen Einstellung auf die jeweilige Aufgabe kann eine gewisse Verlangsamung eintreten: Es wird reichlich Kaffee gekocht, zusammen gesessen, nachgedacht und geredet. Auch bei einer Gruppe, deren Mitglieder sich seit Jahren kennen, wird anhand der aufeinander abgestimmten Körpersprache ein sich verstärkender Bezug erkennbar.

Als Verantwortlicher sollten Sie von einem Mitarbeiter zum anderen gehen und im leisen Gespräch – unter Zuhilfenahme Ihrer nonverbalen

Fähigkeiten – die gegenseitige Kontaktaufnahme erleichtern. Das Wir-Gefühl läßt sich auch durch gemeinsame Aktivitäten fördern, allerdings nicht so leicht wie im Theater- oder Sportbereich (gemeinsames Singen, Tanzen, Trainieren, Baden). Daß Sie auf dem richtigen Weg sind, erkennen Sie an der zunehmenden Synchronisierung der einzelnen Körpersprachen. Anderenfalls sollten Sie die Vorbereitungsphase ausdehnen und einen intensiveren Austausch anregen. Überstürzen Sie nichts, denn jede Gruppe benötigt Zeit, um sich zu finden.

Die nächste Phase ist die der Energisierung. Das Verhalten der Gruppe wird immer lebendiger und von einer ziemlichen Eigenenergie gespeist. Die Stimmen werden lauter, voller und lebhafter und – falls Probleme auftauchen – auch schon einmal gereizt oder gar zornig. Es geht aber voran.

An diesem Punkt ist es ratsam, als »Energiespender« aufzutreten. Sprechen Sie lauter, und treten Sie energischer auf – die anderen werden es Ihnen nachtun. Fordern Sie Ihre Mitarbeiter, oder geben Sie mit fester, klarer Stimme entsprechende

Anweisungen. Eventuelle Uneinigkeit ist kein Grund zur Sorge. Wichtig ist vielmehr, daß die gewonnene Energie nicht abflaut. Eingreifen und den Austausch anregen sollten sie nur, falls die Eigendynamik der Gruppe nachläßt.

Irgendwann sind Sie dann am Ziel angelangt – sei es, daß das angestrebte Spendenaufkommen oder die endgültige Entscheidung in der Tagesbesprechung erreicht ist. An diesem Punkt benötigt jedes Team eine gewisse Zeit des Ausklingens. Man feiert das Erreichte, beginnt mit dem Aufräumen und reflektiert das Geschehene. Die erste Phase ist die des gemeinsam zelebrierten Hochgefühls und des Abwerfens von Lasten. Darauf folgt eine Phase des stillen Nachdenkens oder der unverbindlichen Plauderei im engeren Kreis. Bei einem kleineren Projekt sollten Sie eine zusätzliche Tasse Kaffee und einige Minuten für die Protokollierung einkal-

kulieren – bei einem Großprojekt dagegen einen abendlichen »Zug durch die Gemeinde« oder eine mehrwöchige Aktenablage. Sorgen Sie dafür, daß Ihre Mitarbeiter eine Gelegenheit zum Feiern haben, sei es auch nur kurz während der Mittagspause. Gratulieren Sie jedem einzelnen, und verzichten Sie auf weitere Ansprüche und Forderungen, um ein Abschalten zu ermöglichen. Vermitteln Sie Ihrem Team, daß Sie stolz und zufrieden sind, und daß es Zeit zum Entspannen verdient hat. Erst danach sollten Sie damit beginnen, Ihr Team für neue Vorhaben zu rüsten.

Die Entspannungsphase beinhaltet zahlreiche lockere Zwiegespräche mit intensiven Blickkontakten. Die Gesten wirken weniger förmlich und eher privat. Sie signalisieren Erleichterung, aber auch die Bereitschaft, die Gruppe zu verlassen.

5

Einige Elemente der Körpersprache verdienen eine besonders intensive Betrachtung. Dieses Kapitel skizziert Körperregionen, in denen entscheidende Signale anzutreffen sind, die eine Vielzahl von Bedeutungen annehmen können.

Ein Bild-wörterbuch der Körper-sprache

Die Zeichen lesen

Bisher nahm man an, ein einzelnes körpersprachliches Signal habe eine bestimmte Bedeutung. Neuere Untersuchungen zeigten jedoch, daß ein nonverbales Signal je nach Umfeld unterschiedliche Bedeutungen annehmen kann. Um hier Klarheit zu gewinnen, ist zunächst die gesamte Körpersprache des Betreffenden zu sichten. Danach sollte man ermitteln, ob die Art, wie sich diese Person darstellt, durch ihren kulturellen und gesellschaftlichen Hintergrund beeinflußt wird. Gibt es Anzeichen für einen Zuschnitt allgemeinerer Signale auf die konkrete Persönlichkeit?

Am Ende muß man die Situation sondieren, in der die einzelnen nonverbalen Signale vorkommen. Die Reaktionen Dritter sowie die vorher und nachher eingetretenen Ereignisse verhelfen zu einem präziseren Bild vom jeweiligen Umfeld.

Wogende Brust

Die Atmung ist ein Spiegelbild der Gefühlslage. Bei Nervosität, Wut wie auch Erregung wird sie intensiver, um den Menschen auf alle Eventualitäten vorzubereiten. Im Zustand der Zufriedenheit und Entspannung verlangsamt sich die Atmung entsprechend. Menschen, die trauern, haben einen langsamen, bebenden Atem, so als wolle der Körper seine Mattheit und Hilfsbedürftigkeit bekunden.

Genaues Beobachten kann Ihnen Aufschluß über die Gedanken eines Menschen geben. Wer z.B. an ein Bild denkt, wird etwas schneller und weiter oben im Brustkorb atmen als gewöhnlich. Und wer sich ein Gefühl vorstellt, wird oft tiefer atmen als sonst.

Der eigentliche Atmungsvorgang hat ebenfalls Signalfunktion. Von einem Seufzer begleitetes Einatmen kann Bestürzung signalisieren, während in einer Gruppe deutlich vernehmliches Atemholen einer Wortmeldung gleichkommt. Tiefes, entspanntes Ausatmen kennzeichnet oft eine Einsicht oder Erkenntnis; wer versucht, sich Klarheit über etwas zu verschaffen und zu einem Ergebnis gelangt ist, bekundet dies nicht selten durch das sprichwörtliche erleichterte Aufatmen.

Angespannte Schultern

Angespannte Schultern sind daran zu erkennen, daß der Kopf ein klein wenig zwischen die leicht angehobenen Schultern einsinkt. Dies ist die abgeschwächte Version des Zusammenzuckens, mit dem der Mensch auf eine tatsächlich vorhandene Gefahr – sei es ein harter Schlag oder ein ebensolches Wort – reagiert; die Schultern fahren in Richtung Ohren, so als wollten sie alle Geräusche abblocken.

Angespannte Schultern können eine Vielzahl von Dingen bedeuten. Kombiniert mit einem wachsam umherschweifenden Blick signalisieren sie die angstvolle Erwartung eines möglichen, unmittelbar bevorstehenden Problems. Ein leerer Blick dagegen würde in diesem Zusammenhang bedeuten,

Schrägstellung von Schultern und Rumpf

Die Schultern werden im Normalfall nahezu immer geradegehalten. Falls sich zwischen den Schultern jedoch ein merklicher Niveauunterschied einstellt, ist dies nicht selten ein Signal für Unausgewogenheit im Denken der betreffenden Person. Es erinnert an jenes Signal, das der Mensch verwendet, wenn er versucht, sich für eine bestimmte Alternative zu entscheiden – mithin an »abwägende« Bewegungen der Hände oder Arme.

Schiefe Schultern sind somit die abgeschwächte Version dieser abwägenden Bewegung. Hierbei kann zunächst die eine, dann die andere Schulter ihre Position verändern. Es kann sich auch ein leichtes Schütteln vollziehen, so als wolle sich die Person eines ihr im Nacken sitzenden Problems entledigen. Manchmal vollzieht auch der Kopf diese Bewegung mit. Dieses Verhalten kann die Ausführungen eines Menschen über bevorstehende Entscheidungen begleiten oder sich – weniger augenfällig – zeigen, während die Person auf entsprechende Tatsachen von dritter Seite reagiert. Bei anhaltender Unentschlossenheit wird oftmals nur eine Schulter angehoben und der geneigte Kopf mit einer »tröstenden« Hand unterstützt.

daß die Person sich über einen allgemeineren, weniger im Hier und Jetzt liegenden Aspekt ihres Lebens sorgt – wobei die Ausdruckslosigkeit des Blicks zeigt, daß ihre Gedanken dem Problem gelten; die angespannten Schultern signalisieren die auf den Gedanken folgende Reaktion. Geborene Pessimisten zeigen oft eine dauerhaft angespannte Körperhaltung.

Angehobene Schultern können, zusammen mit einem abgewandtem Blick oder Körper bzw. abblockenden Händen oder Armen, signalisieren, daß ein Mensch alleingelassen werden will. Falls jemand dauerhaft das Alleinsein bevorzugt – es sich also eindeutig um eine introvertierte Person handelt –, kennzeichnen schützende, abweisende Schultern sein natürliches Verhaltensrepertoire.

Die Zeichen *lesen*

Verschränkte Arme

Die Meinung ist weit verbreitet, daß verschränkte Arme mangelnde Aufgeschlossenheit signalisieren, doch dies ist nur eine von zahlreichen Bedeutungen. Zugegeben: Wenn Sie noch weitere Signale des Nichtverstehens beobachten (wie ausdrucksloses Gesicht, Stirnrunzeln oder leichte Kopfneigung), können über der Brust verschränkte Arme durchaus andeuten, daß der Hörer die Geschehnisse nicht in sich aufnimmt.

Ganz ähnlich deuten angespannte, hochgezogene Schultern zusammen mit wiederholtem, angedeuteten Kopfschütteln auf unterschwellige Ablehnung, wobei die verschränkten Arme sämtliche Anregungen abzublocken scheinen. Falls sich die Gefühle bis zum Zorn aufschaukeln (gespitzte Lippen, laute Stimme und zusammengekniffene Brauen), können sich die verschränkten Arme weiter anspannen und sich die Hände unbewußt zur Faust zusammenballen.

Verschränkte Arme können aber auch weitaus harmlosere Absichten bekunden – beispielsweise eine Schutzfunktion: Frauen verschränken oft die Arme, wenn sie sich in einer größeren Menschenmenge aufhalten, einfach um zufällige Berührungen der Brüste zu vermeiden. Überdies versucht man bei Kälte instinktiv, durch Anlegen der Arme um den Rumpf die Körperwärme am Entweichen zu hindern. In all diesen Situationen werden Sie zu dem Schluß gelangen, daß hier keine Abwehrhaltung vorliegt und daß verschränkte Arme nicht immer ein negatives Signal sein müssen.

Geballte Faust

Eine unverhohlen zur Faust geballte Hand ist ein Ausdruck von Aggression, dessen Bedeutung (»Gleich gibt's was«) und Ursprünge auf der Hand liegen. Primaten benutzen die Fäuste, um einander spielerische oder ernsthafte Schläge zu versetzen. Sie weichen zurück oder stellen sich ihrem Gegner, falls Ihnen diese Geste präsentiert wird.

Die meisten Erwachsenen verwenden die geballte Faust nur selten, um ernsthaft Gewalt anzudrohen. Viel eher wird man beobachten können, daß sie im Fall aufkeimender Erregung oder Wut die Hand zur Faust ballen.

Speziell, wenn sie von einem sanftmütigen oder besänftigenden Ausdruck begleitet wird, verrät diese »ausgerutschte Hand« die wahre Gefühlslage des Menschen – Gefühle, die als zu bedrohlich gelten, um gezeigt zu werden. Vielmehr wird die geballte Faust unter der anderen Hand verborgen, so als solle die »böse« Hand daran gehindert werden, in Aktion zu treten.

Eine offen gezeigte Faust hat überdies kulturspezifische Bedeutungen. Ein abgewinkelter, zu einem Aufwärtshaken ausholender Arm mit geballter Faust ist in zahlreichen europäischen Ländern eine beleidigende Geste mit einem plumpen Bezug

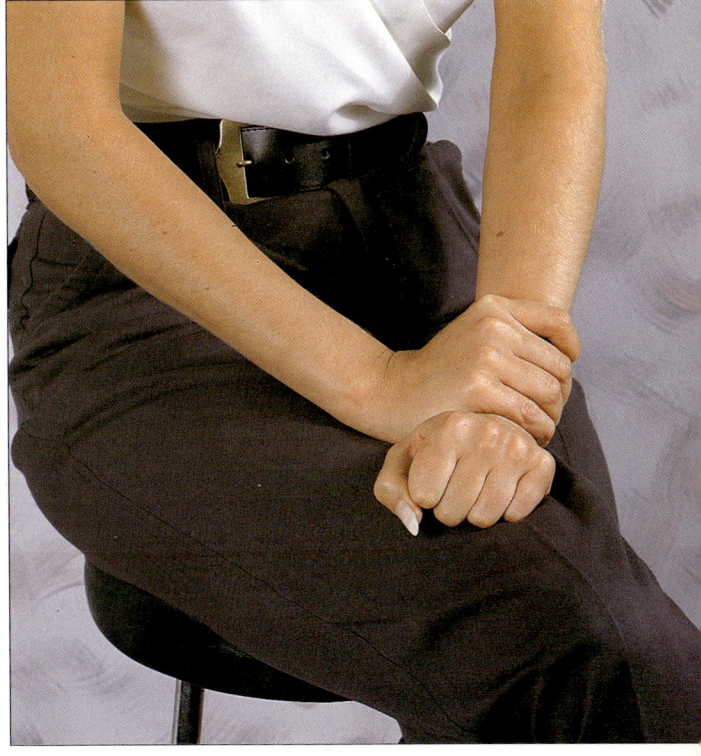

auf den Geschlechtsakt. In Japan dagegen steht eine leicht gegen den Bauch gedrückte Faust für Selbstmord, da sie an das Zusammenballen der Hand um das beim Harakiri verwendete rituelle Messer erinnert.

Aufgestützter Kopf

Das Heranführen der Hand zum Kopf kann viele unterschiedliche Bedeutungen haben. Ein auf der Hand lastendes Kinn, ein nach unten gerichteter Kopf sowie abwärts weisende Mundwinkel können als Zeichen der Traurigkeit oder Anspannung gedeutet werden. Die stützende Hand hat dabei eine tröstende Funktion. Dies ist ziemlich wörtlich zu nehmen, da Pulsfrequenz, Blutdruck und Adrenalinspiegel reduziert werden. Jede sanfte, einfühlsame Berührung – komme sie von dem Betreffenden selbst oder von einer anderen, vertrauten Person – leistet diese physiologische Befriedung, da sie uns Menschen (und wohl auch die Tiere) an die beruhigende Sicherheit des Kindseins erinnert.

Das Aufstützen des Kopfes kann auch auf geistige Aktivitäten hindeuten. Wachsamkeit des ganzen Körpers mit erhobenem Kopf und einem aufmerksam das Geschehen verfolgendem Blick signalisiert Konzentration.

In diesem Fall hilft die stützende Hand dabei, sich stärker auf die Ereignisse in der Umgebung einzulassen. Die »Telefonierhaltung« – aufgestützter Kopf, abgewandter Blick und leicht geneigter Kopf – deutet darauf hin, daß der betreffende Mensch ein Selbstgespräch führt.

Vorgehaltene Hand

Die vorgehaltene Hand bedeutet meist, daß etwas verborgen werden soll – nicht nur im übertragenen Sinn, denn zumindest in der westlichen Welt gilt Rülpsen, Aufstoßen und Essen mit offenem Mund als unschicklich. Mit vorgehaltener Hand läßt sich außerdem ein gelangweiltes Gähnen und die Arbeit mit dem Zahnstocher kaschieren.

Während eines gewöhnlichen Gesprächs werden Sie oft beobachten können, daß jemand die Hand zum Mund führt, so als wolle er eine Äußerung zurückhalten.

Eine mitten im Satz zum Mund geführte Hand, begleitet von einem leichten Zusammenzucken der Augen, bedeutet in der Regel, daß dem Menschen etwas herausgerutscht ist, das er am liebsten rückgängig machen würde. Sprecher, die mit gesenktem Kopf und Blick etwas hinter vorgehaltener

Hand dahermurmeln, zeigen, daß sie glauben, fortfahren zu müssen – vielleicht, um keinen Verdacht zu erregen. Zugleich hoffen sie jedoch nicht, daß Sie ihre Äußerungen hören oder ihnen Glauben schenken.

Schräggestellter Kopf

Bei unseren frühen Vorfahren dürfte das Schrägstellen des Kopfes ausschließlich dazu gedient haben, erahnte Gefahrenquellen besser wahrnehmen zu können. Diese Geste signalisiert auch heute noch Interesse und Anteilnahme.

Die präzise Bedeutung dieses Signals erschließt sich auch hier erst im Licht der übrigen nonverbalen Anhaltspunkte. Wenn jemand tatsächlich um ein besseres Hörverständnis bemüht ist, wird er sich nach vorn beugen und den Kopf leicht zur Seite neigen. Geht es aber darum, Zustimmung zu signalisieren, wird ein Mensch ruhig zuhören, ein leichtes Lächeln zeigen und die Äußerungen z.B. mit einem Kopfnicken quittieren.

Wer mehr in Erfahrung bringen möchte, wird die Kopfneigung mit zwei scheinbar widersprüchlichen Signalen – Stirnrunzeln und Lächeln – kombinieren, um zu bekunden, daß er etwas verwirrt ist. Falls die Äußerungen den Hörer in Wut oder Trauer versetzen, er aber genötigt ist, weiter zuzuhören, lassen sich diese Gefühle von Augen, Brauen und Mund ablesen – oder der Ausdruck wird abgeschwächt, um zu vermeiden, daß die

tatsächlichen Gefühle den Sprecher zum Innehalten bewegen. Kopfneigung kann auch bedeuten, daß jemand Selbstgespräche führt. Die bekannte »Telefonierhaltung« läßt darauf schließen, daß jemand augenblicklich vielleicht über vergangene Geräusche, Klänge oder Äußerungen nachdenkt, ein Gespräch einstudiert oder sich zu einem wichtigen Entschluß durchringt. Wer dies häufiger praktiziert, und wessen Persönlichkeit auf das akustisch Wahrnehmbare konzentriert ist, hält den Kopf ständig ein wenig geneigt.

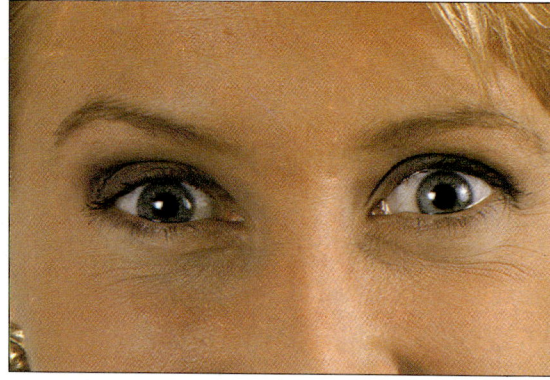

Weitgeöffnete Augen

Die ursprüngliche Funktion weitgeöffneter Augen – besseres Sehen – liegt auf der Hand. Die Gründe für dieses Bedürfnis können jedoch verschiedenartig sein. Wer vor Freude oder freudiger Überraschung plötzlich große Augen macht, öffnet dabei auch seinen Mund und hebt die Brauen. Wenn jemand zu einer befreundeten Person oder über ein Lieblingsthema spricht, läßt sich oftmals eine abgeschwächte Fassung dieses Ausdrucks beobachten, bei der die Augen über einen längeren Zeitraum hinweg etwas weiter geöffnet bleiben als sonst. Da große Augen Zustimmung bekunden, verkörpern sie ein attraktives nonverbales Signal und erzeugen eine starke positive Reaktion. Daher werden die Augen beim Flirten weiter geöffnet als üblicherweise, und deshalb verleiht ein die Augen vergrößerndes Make-up den Frauen offenbar mehr Attraktivität.

Weitgeöffnete Augen sind faszinierenderweise auch dann beobachtbar, wenn etwas Erstrebenswertes räumlich gar nicht präsent ist.

Große Augen und starrer Blick können indessen auf eine unangenehme Überraschung hindeuten. Der Gesichtsausdruck verrät eine gewisse Angst, und die Augenbrauen ziehen sich zusammen, als wollten sie einen unerfreulichen Anblick abwenden. Wer wütend oder auf Konfrontation aus ist, verfällt nicht selten in einen unverhohlenen, starren Blick mit stark herabgesenkten Brauen und aggressiv geschürzten Lippen. Dieser Ausdruck kann für sich allein bereits abschreckend wirken, etwa wenn ein Erwachsener allein durch seinen Blick ein Kind in Schach hält. Untersuchungen haben ergeben, daß bereits ein steter Blick von mehr als zehn Sekunden Länge bei einer rangniedrigeren Person Unwohlsein und Beklommenheit zu erzeugen vermag – bei gleichrangigen oder ranghöheren Personen jedoch zu aggressiven, handgreiflichen Reaktionen führen kann.

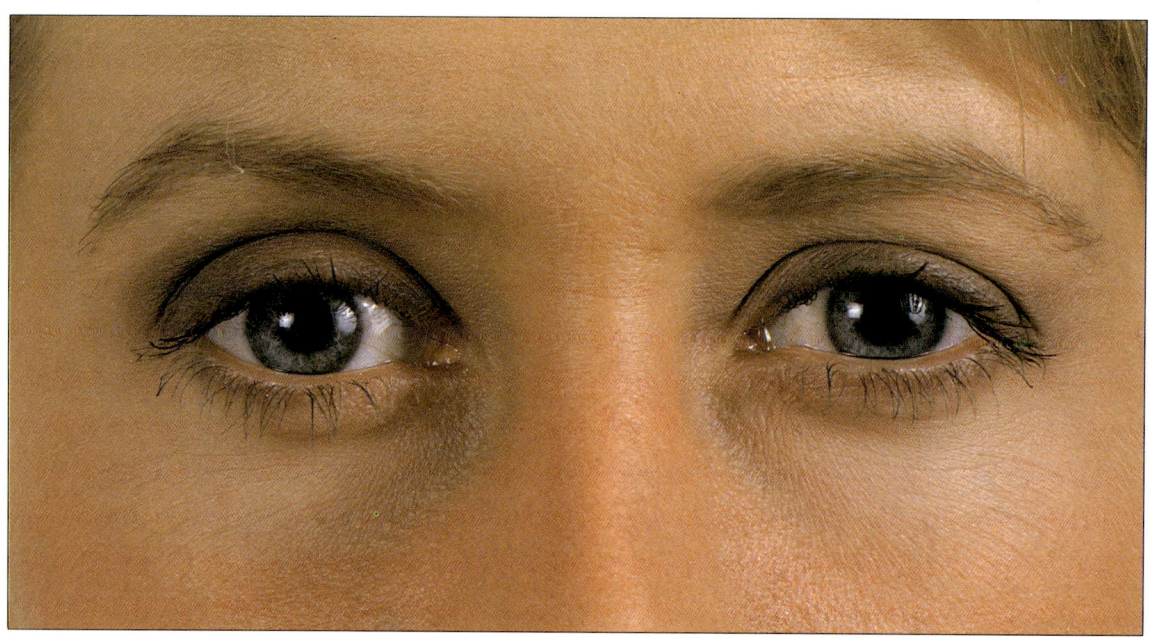

Die Zeichen *lesen*

Hochgezogene Augenbrauen

Das blitzartige Hochschnellen der Brauen – es dauert nicht mehr als eine Sechstel Sekunde – ist ein Signal der Überraschtheit. Die Augen werden aufgerissen, und die Brauen fahren nach oben, um das Geschehen besser in den Blick nehmen zu können. Dieser Vorgang hat mit der Zeit auch eine gesellschaftliche Bedeutung angenommen: Aufmerksamkeit erregen oder den anderen wissen lassen, daß er angeschaut wird. Es ist beinahe so, als erschienen wir Menschen etwas überrascht, um anderen zu signalisieren, daß es einen Grund zur Überraschung gibt: unsere Begegnung mit ihnen.

Das Hochschnellen der Brauen ist ein universelles menschliches Willkommenssignal, das von Balinesen wie Buschmännern in derselben Form und Bedeutung verwendet wird. Es kommt instinktiv zum Zug, wenn jemand einer Person begegnet, die er mag oder kennenlernen möchte. Wer Eindruck erzielen oder flirten will, wird dieses Signal während der Kommunikation mit einem Menschen ständig wiederholen.

Hochgezogene Brauen können jedoch noch weitere Bedeutungen annehmen. Zusammen mit einem schräggehaltenen Kopf tritt ein verlangsam-

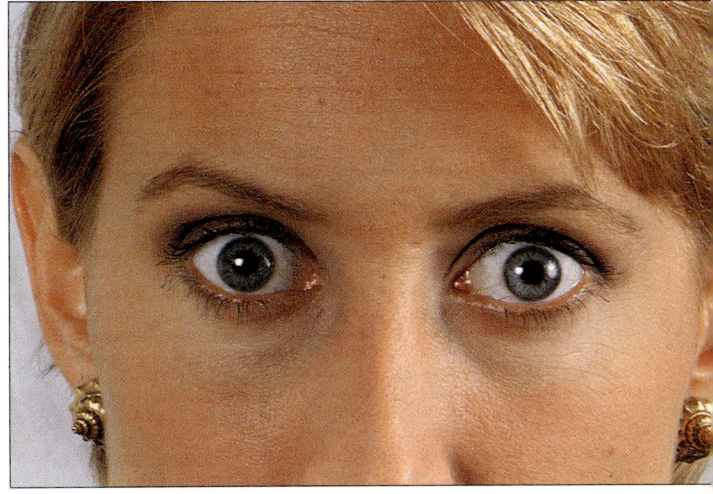

tes, mehrere Sekunden dauerndes Anheben der Brauen meist am Ende eines Satzes auf und dient der Überprüfung des Hörverständnisses. Falls diese Bewegung noch langsamer erfolgt und mit einem Anheben des Kopfes einhergeht, kann es eine gewisse Mißbilligung ausdrücken (»Ich muß mich doch sehr wundern!«). Sollte diese Geste mit einem Absenken von Kopf und Augenlidern verknüpft sein oder mit geschürzten Lippen und einer leichten Abwendung, stehen die Dinge nicht zum besten (»Ich will nichts mehr mit dir zu tun haben!«).

Geweitete Pupillen

Eine Weitung der Pupillen kann durch zahlreiche Reize verursacht werden, etwa durch bestimmte Drogen oder auch durch spezielles Muskeltraining. Geschlossene und dann plötzlich geöffnete Augen haben solange größere Pupillen, bis sich das Auge dem vorhandenen Licht angepaßt hat. Bereits die Befürchtung eines lauten Geräusches kann zu einer Weitung der Pupillen führen.

Die interessantesten Anlässe der Pupillenweitung sind jedoch nicht physischer, sondern mentaler Natur. Wie man aus Untersuchungen weiß, vergrößern sich die Pupillen einer Person, die durch einen Anblick emotional angesprochen wird. Das Interesse ist dabei oft größer als die eventuell gebotene Zurückhaltung. Die Größe der Pupillen signalisiert den Mitmenschen, ob man durch den

Betrachter angeregt wird oder nicht. Sie warten mit einer positiveren Reaktion auf, wenn ihnen die Pupillengröße zusammen mit anderen positiven Signalen das Gefühl vermittelt, daß sie dem Betrachter attraktiv erscheinen. Der schmeichelnde Effekt geweiteter Pupillen wurde bereits vor Jahrhunderten erkannt: Manchen Italienerinnen diente ein aus der Tollkirsche oder Belladonna (»schöne Dame«) gewonnener Extrakt, ihren Liebhabern schönere (weil größere) Augen zu machen. Ohne Rückgriff auf künstliche Hilfsmittel läßt sich die Pupillenweitung jedoch nicht beeinflussen. Wer sich daher wirklich zu jemandem hingezogen fühlt, kann die entsprechende Reaktion der Pupillen nicht beeinflussen. Umgekehrt haben die Pupillen aber auch eine neutrale oder gar negative Signalwirkung: eine Reaktion bleibt dann aus.

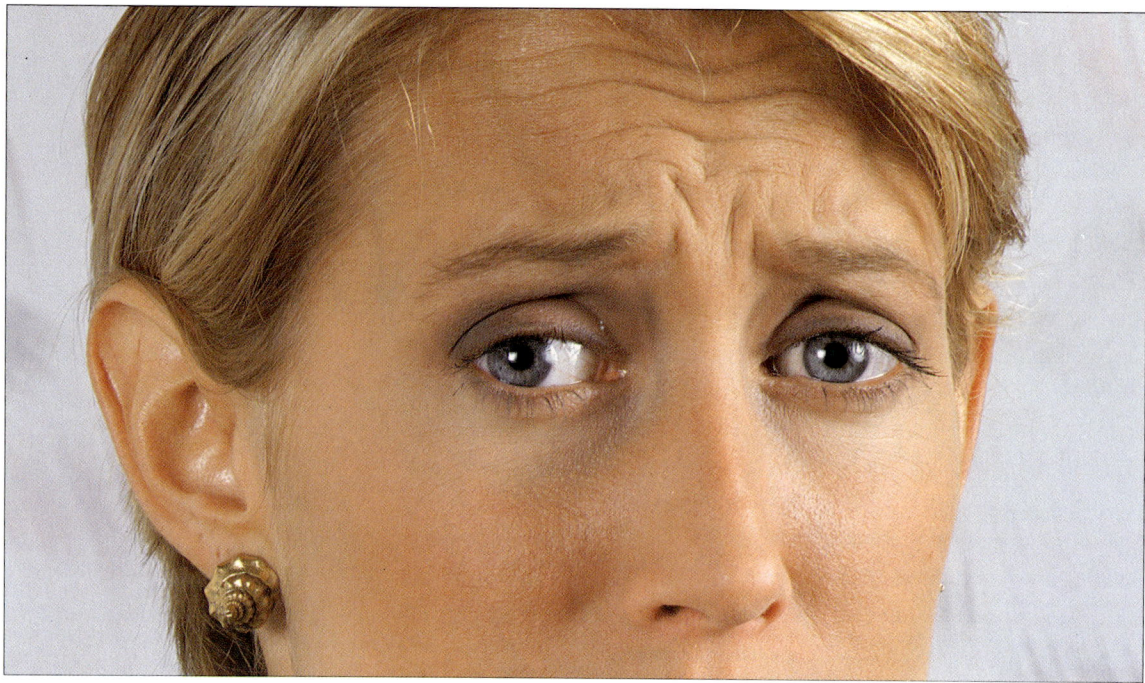

Gerunzelte Stirn

Leichtes Stirnrunzeln ist oftmals ein Zeichen dafür, daß ein Mensch den Versuch unternimmt, sich eine bildhafte Vorstellung zu machen. Dieser sichtbare Vorgang ist manchmal so kurz, daß er kaum bemerkt wird. Gelegentlich wird er von einem leichten Aufwärtsschauen begleitet. Jemand, der häufig in Bildern denkt, erhält dauerhafte Stirnfalten zu einem früheren Zeitpunkt, als es dem Alter entspräche, auch wenn das Gesicht sonst faltenlos ist.

Auffälliges, ein bis zwei Sekunden dauerndes Stirnrunzeln ist gemeinhin ein Zeichen für eine starke Emotion. Laut einer 1979 von Paul Ekman durchgeführten Studie geht ein Gefühl der Trauer mit einem Anheben der Brauen einher (als solle der Tränenfluß erleichtert werden), wodurch die Stirnmitte eine auffällige Furchung erhält. Um zu einer stichhaltigen Interpretation zu gelangen, sind selbstverständlich noch weitere Ausdruckssignale heranzuziehen, speziell der Augen und des Mundes, deren Stellung und Bewegungen Aufschluß über die derzeitige Gefühlslage geben.

Die auf dem Foto gezeigte Darstellerin wurde gebeten, sich in ein Gefühl von Überraschung, Angst und Trauer hineinzuversetzen, so als habe sie soeben eine schlechte Nachricht erhalten.

Weitgeöffnete Nasenlöcher

Die Nase öffnet und schließt sich in Reaktion auf Düfte und Gerüche. Weitgeöffnete Nasenlöcher können bedeuten, daß jemand einem angenehmen Geruch nachspürt oder aber auf eine gefährliche, möglicherweise sogar giftige Substanz aufmerksam wurde. In Reaktion auf Ammoniak erfolgt eine automatische Weitung der Nasenöffnung. Gelegentlich aber reicht es schon, allein über Giftstoffe zu reden, um eine solche Reaktion auszulösen.

Eine natürliche Funktion der weitgeöffneten Nase besteht darin, den Körper durch Aufnahme größerer Mengen an Atemluft besser auf eine eventuelle Gefahrenabwehr vorzubereiten. Primaten verwenden dieses Signal, um anderen Tieren ihre Angriffsbereitschaft mitzuteilen. Emotionale Bedrohtheit führt beim Menschen zu einer ähnlichen Reaktion: Im Zustand der Gereiztheit signalisieren bebende Nasenflügel, daß den Betreffenden ein Gefühl des Unwohlseins beschlichen hat.

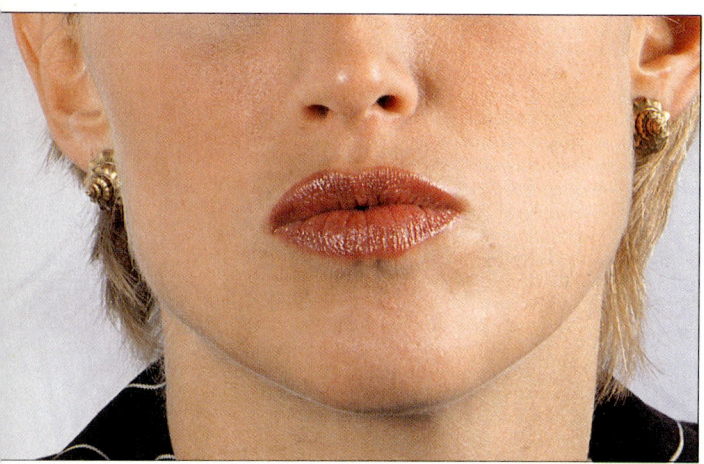

Geschürzte Lippen

Das Schürzen des Mundes, mithin das Vorstrecken der aufeinanderliegenden Lippen, hat – wie anhand zahlreicher anderer nonverbaler Signale erklärt wurde – keine einheitliche Bedeutung. Zunächst einmal ist es beobachtbar, wenn eine Person einen Freund (mit dem sie nicht intim ist) mit einem Kuß begrüßt. Kombiniert mit körperlicher Nähe, einladenden Gesten und halb geschlossenen, Vertrauen bekundenden Augen ist dieses »Schnütchen« ein Signal dafür, daß ein sozialer Kuß erwartet wird.

Geschürzte Lippen sind jedoch auch bei Personen beobachtbar, die mit sich um eine bestimmte Entscheidung ringen. Leichte Lippenbewegungen können hinzutreten, so als solle die Sache nochmals »durchgekaut« werden. Auch die typischen Signale der Entscheidungsfindung können sich hinzugesellen – »abwägende« Bewegung der Hände oder Schultern oder ein Neigen des Kopfes. Sobald die Entscheidung gefällt ist, hören die Lippenbewegungen auf, und der Mund nimmt die gewohnte Form an. In manchen Situationen sind geschürzte Lippen ein Zeichen der Mißbilligung, sofern noch andere nonverbale Signale hinzutreten: Ein Mensch zieht sich dann zurück, fixiert gleichsam seine Nasenspitze, hebt die Brauen und schüttelt langsam den Kopf – nicht zu verwechseln mit jener Kopfbewegung, die mit gedankenverloren geschürzten Lippen einhergeht. Hinzutreten können tiefes Einatmen durch die Nase, gefolgt von einem scharfen Ausatmen. Unheil kündigt sich an ...

Gekräuselte Lippen

Ein wahrhaft höhnisches Grinsen geht mit Zähneblecken einher. Beim Menschen ist dies ein Signal der Gegnerschaft, sei es aufgrund einer anderen Meinung oder aus Wut und Abscheu.

Bei Ekelreaktionen finden sich gekräuselte Lippen zusammen mit einer gerümpften Nase. Das untere Augenlid wird hochgezogen (so als wolle es dem Auge den bestürzenden Anblick ersparen). Weitere Zeichen des Zurückschreckens sind ein unwillkürliches Zurückweichen oder Zurückwerfen des Kopfes.

Eine wütende Person wird indessen mit weitgeöffneten Augen den Kopf nach vorn strecken, um einem möglichen Widersacher zu begegnen. Die Nasenflügel zittern bedrohlich, und der gesamte Körper ist angriffsbereit. Da oftmals eine Mischung aus Wut und Ekel zu beobachten ist, wird sich das Verhalten aus einer Signalkombination dieser Emotionen zusammensetzen.

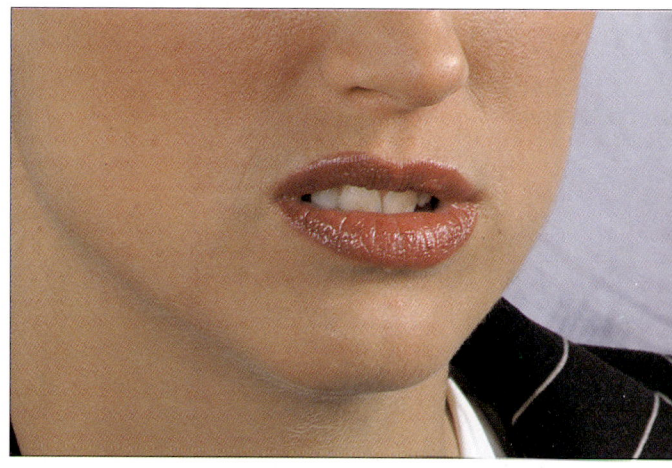

Gelegentlich wird eine Person beim Lächeln die Lippen kräuseln, wobei die Mundwinkel nach oben gehen, während die Mitte der Oberlippe in Falten geworfen wird. Dies ist ein aufgesetztes Lächeln, das nicht aus vollem Herzen kommt, eine positive Reaktion, deren Wirkung jedoch oftmals durch andere negative Gefühle vereitelt wird.

Breites Lächeln

Jedes Lächeln ist – zumindest oberflächlich gese-
hen – ein positives Signal. Der Mensch lächelt,
wenn er glücklich ist. Die Lippen spannen sich, die
Mundwinkel fahren auf beiden Seiten gleichmäßig
nach oben, und der Mund kann sich so weit öffnen,
daß die – in dieser Situation nicht bedrohlichen –
Zähne sichtbar werden. Für die vorübergehenden
Lachfältchen (wie auch die leidigen »Krähenfüße«)
zeichnet ein spezieller Muskel verantwortlich, während die Haut im Zuge der körperlichen Entspannung eine andere Färbung annimmt. Echtes
Lächeln ist jedoch eher eine Rarität, denn häufig
erwartet man einen fröhlichen Gesichtsausdruck,
auch dann, wenn ein Mensch nicht wirklich glücklich ist. Daß ein Lächeln nicht echt ist, erkennt man
oft anhand unverstellter Gefühlssignale des Gesichts: Die Augenringmuskulatur zieht sich nicht
zusammen; statt dessen führt Gereiztheit zu einem
leichten Starren, oder der Blick wird leicht abgewandt. Möglicherweise beben die Nasenflügel vor
Zorn, oder ein Ekelgefühl läßt die Kieferregion ver-
krampfen. Auch ein falsches Lächeln kann länger
dauern als ein echtes und ebenso langsam abklingen – so als solle sich der Betrachter ausgiebig von
seiner Echtheit überzeugen können.

Die Zeichen *lesen*

Verschränkte Beine

Das Verschränken der Beine kann auf unterschiedlichste Weise erfolgen. Frauen – seltener Männer – wählen meist die auf dem Foto dargestellte Alternative. In manchen Kulturen muß ein Mann, der diese Beinhaltung wählt, damit rechnen, daß seine Männlichkeit in Frage gestellt wird. Durch Verschränken der gestreckten Beine wird deren Länge und Schlankheit besonders betont. Ein solches Verhalten läßt sich in der Mehrzahl der Fälle bei Frauen beobachten, die eine ebenfalls anwesende männliche Person ins Visier genommen haben.

Das Verschränken der Beine mit den Knöcheln als Schnittpunkt ist weniger feminin, kann aber bei beiden Geschlechtern beobachtet werden. Es vermittelt einen zwanglosen Eindruck, vor allem, wenn die Person sich dabei in ihrem Sessel zurücklehnt. Kreisende oder schwenkende Bewegungen der Füße sind eine zwanglose Aktivität, die in der Regel

Gespreizte Beine

Das Sitzen mit weit gespreizten Beinen ist eine bequeme Haltung, die meist von Menschen eingenommen wird, die sich sicher oder unbeobachtet wähnen. Bei einem Diner – wenn die Beine unter dem Tischtuch verborgen sind – wird eine annähernd gleiche Zahl von Männern und Frauen sich für diese Beinstellung entscheiden. Dies ist aber auch eine sehr anfällige Haltung. Sofern sie sich nicht körperlich und emotional sicher fühlen, werden sich beide Geschlechter instinktiv dafür entscheiden, durch eine mehr oder weniger geschlossene Beinstellung die Genitalien zu schützen oder zu verbergen. Es kann auch helfen, einen Stoß Papier auf den Schoß zu legen oder die Hände schützend zur Körpermitte hinabgleiten zu lassen.

Eine gespreizte Beinhaltung wird aus diesem Grund von der Mehrzahl der Menschen vornehmlich im Freundes- oder Familienkreis gewählt. Wie entspannt es in einer Gruppe zugeht, läßt sich daher oft anhand der Zahl ihrer Mitglieder ermitteln, die mit weitgespreizten Beinen dasitzen. Gespreizte Beine sind nicht zuletzt ein deutliches Signal der

Selbstsicherheit und deshalb oft bei Anführern einer Gruppe zu beobachten – eher bei Männern, und mit größerer Wahrscheinlichkeit bei jüngeren Menschen. Diese raumgreifende Haltung nötigt andere zum Nachgeben.

nur im Freundes- oder Familienkreis erfolgt. Das Sitzen mit angewinkeltem und auf den anderen Oberschenkel gelegten Bein ist eine maskuline Haltung, die von Frauen allenfalls dann gewählt wird, wenn sie entspannt sind und eine Hose tragen. Aufgrund ihres Platzbedarfs signalisiert diese Haltung ein hohes Maß an Selbstsicherheit und Wissen um den Rang innerhalb der Gruppe.

Ein letzter interessanter Aspekt in diesem Zusammenhang ist die Ausrichtung der Beine. Innerhalb des konkreten Umfelds läßt sich nämlich anhand der Ausrichtung von Oberschenkel und Fuß ermitteln, wem das Interesse eines Menschen gilt. Während einer Diskussion weisen Schenkel und Fuß oft in Richtung des jeweiligen Sprechers, sofern anhaltendes Interesse gegeben ist. Im Falle eines lebhaft geführten Streitgesprächs kann man beobachten, daß ein Fuß kaum merklich, aber doch beständig den jeweiligen Sprechern folgt.

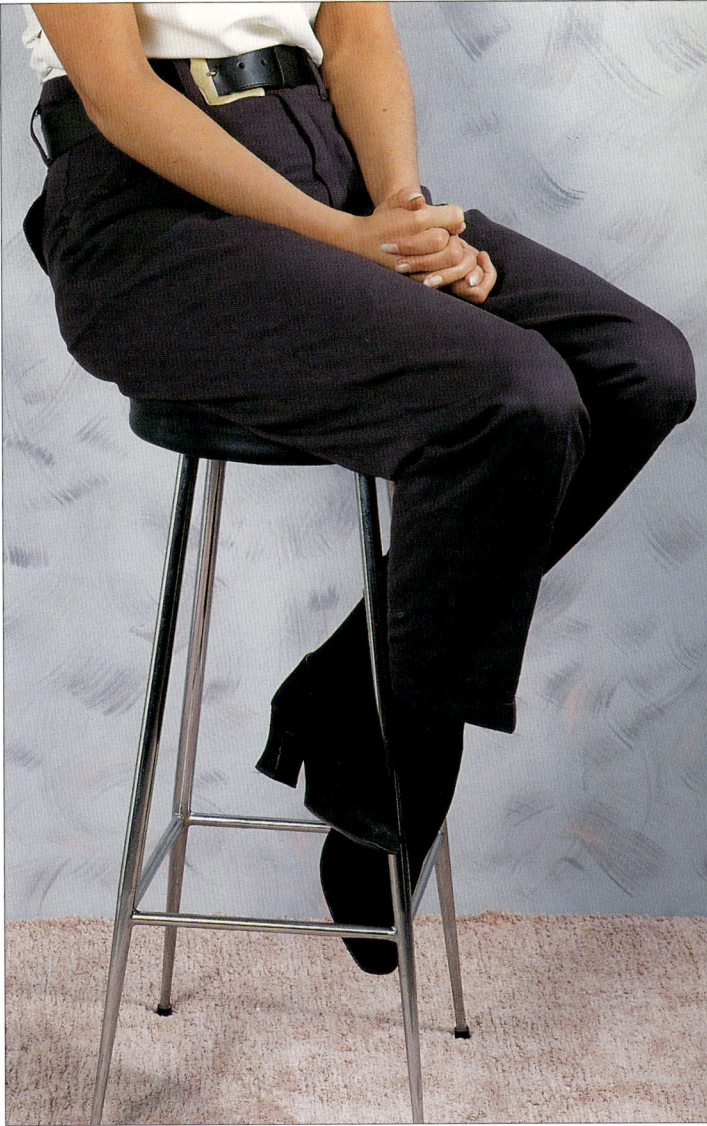

Beredte Füße

Da die Füße von allen Körperteilen am weitesten vom Gesicht entfernt sind, glauben wir instinktiv – und oft fälschlicherweise –, sie würden sich der Beobachtung durch Dritte entziehen. Wenn jemand alles daransetzt, Emotionen zu verbergen, die sich per Gesichtsausdruck oder Handgesten äußern, können die Füße dennoch Aufschluß über die wahre Gefühlslage geben.

Angst oder Nervosität sind nicht selten daran zu erkennen, daß die Füße eines Menschen angestrengt nach Halt suchen. Wechselweises Spannen und Strecken dient dem Spannungsabbau des gesamten Körpers. »Fluchtbewegungen« in Form sich windender oder kickender Füße künden vom Verlangen, sich einer Problemsituation zu entziehen.

Darüber hinaus können Füße – vergleichbar den Händen und Beinen – Aufschluß über die Streßursache geben, entweder durch direkten Hinweis oder Abwendung in die Gegenrichtung. (Füße können selbstverständlich auch auf besonders attraktive Personen oder Dinge weisen und somit eine positive körperliche Spannung erzeugen.)

Nicht nur Angst oder Nervosität, sondern auch Gereiztheit oder Wut lassen sich am Verhalten der Füße ablesen. In solchen Fällen werden die Füße fest aneinandergepreßt sein oder kaum merkliche, ruckartige Bewegungen vollziehen, im Gegensatz zum nervösen, ungeordneten Spiel der Füße. »Glückliche« Füße befinden sich entweder im Zustand der Erregung (energievolle, rhythmische Verspieltheit) oder der Zufriedenheit.

Will man einen Menschen anhand seiner Körpersprache kennenlernen, so mag es sinnvoll sein, bei den Füßen zu beginnen und sich schrittweise »hochzuarbeiten«!

a Abstimmung 24
Affäre 81
Allein sein 47 f.
Amtsträger 52 ff.
Angst 75
Anziehungskraft 62
Arbeitsbündnisse 102
Arbeitsplatz 92 ff.
Arbeitsumfeld 90 ff.
Arme, verschränkte 133
Atmung 130
Augen, weitgeöffnete 136
Augenbewegung 15
Augenbrauen 137

knüpfen 40 ff.
Führungsperson 123 ff.
Führungsstil 105 ff.
Füße 143

g Gedächtnis 30
Gedanken 30 ff.
Gefühle 28 f., 74 ff.
Geruch 15
Geschmack 15
Gesicht 59
Gestik 15, 32
Glück 75
Gucker 35

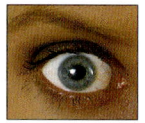 # Register

b Bandler, Richard 30
Bedeutung 128
Beeindrucken 94 ff.
Begrüßungsritual 22
Beine, gespreizte 142
Beine, verschränkte 142
Berufsleben 90 ff.
Berührung 15, 35
Besprechungstaktik 109 ff.
Bewerbung 119
Beziehungsprobleme 84
Bezug schaffen 24 ff.
Blickkontakt 22, 27
Brust 130

c Charakter 35

d Dienstleistungen 51 ff., 96

e Ekman, Paul 138
Erogene Zonen 72
Erscheinungsbild 13
Erziehung 15
Extrovertiert 36 f.

f Füße 15, 33
Figur 61
Flirten 66 ff.
Frauen 81 ff., 95 ff.
Freundschaft

h Hackordung 101 f.
Hand, schräggestellte 135
Hand, vorgehaltene 135
Handeln 18
Hochzeit 47 f.

i Image 13
Information 8
Introvertiertheit 36 f., 48 ff.

k Kalte Schulter 48 ff.
Kleiderordnung 96 f.
Kleidung 96
Kollegen 101 f.
Kontakt zu anderen 38 ff.
Kontaktaufnahme 62 f.
Kontrollmechanismen 77
Konversation 26 ff.
Kopf, aufgestützter 134
Kopfnicken, 27
Körperfunktionen 15
Körpergröße 59 ff.
Körperhaltung 15
Körperliche Attraktivität 59 ff.
Körperrhythmus 24, 65
Körpersignale, innere 15
Körpersprache gezielt einsetzen 11
Körpersprache verbessern 6
Kultur 15

l Lächeln 141
Lauscher 35
Liebe 56, 86 ff.
Liebe am Arbeitsplatz 104 f.
Liebe bewahren 88 f.
Liebe stärken 87
Lippen 140

m Männer 76 f.
Menschenmenge 54
Mimik 15, 33
Modebewußtsein 61 f.
Motivierung 98 f., 123 f.

n Nicht-O.K.-Person 37

o O.K.-Person 37
Öffentlichkeit 50 ff.

p Partnerschaftsprobleme 78 ff., 87
Persönliche Elemente 17
Persönlichkeit 34, 94 f.
Persönlichkeitsbild 22
Polizei 54
Pupillen 137

r Restaurant 51

s Schultern, angespannte 130
Schultern, Schrägstellung 131
Sexuelle Signale 71 ff.
Stil 13
Stimme 15, 28
Stirn, gerunzelte 138
Streß 99 f.

t Teamarbeit 126 f.
Telefon 117
Tiefzeit 47 f.
Trauer 75
Trennungsprozeß 86

u Übung 13
Umgang mit Kunden 115 ff.
Unehrlichkeit 78 ff.
Unsicherheit 98
Unternehmensstruktur 92

v Verführung 68 ff.
Verliebtsein 87
Versteckte Tagungsordnung 110 f.
Vorgesetzte 105 ff.
Vorsitz führen 112 ff.
Vorstellungsgespräch 119

w Werben 63 f.
Wohlbefinden am Arbeitsplatz 97 ff.
Wohnung 15
Wut 75

z Zuhören 29